30天成为学习高手

蒙燕 著

30 TIAN

CHENGWEI

XUEXI GAOSHOU

中国出版集团有限公司
研究出版社

图书在版编目 (CIP) 数据

30 天成为学习高手 / 蒙燕著 . -- 北京 : 研究出版社 , 2022.11（2023.5 重印）

ISBN 978-7-5199-1376-2

Ⅰ . ① 3… Ⅱ . ①蒙… Ⅲ . ①小学生—学习能力—能力培养 Ⅳ . ① G622.46

中国版本图书馆 CIP 数据核字 (2022) 第 203921 号

出 品 人：赵卜慧
出版统筹：丁　波
责任编辑：朱唯唯

30 天成为学习高手

30TIAN CHENGWEI XUEXI GAOSHOU

蒙　燕　著

研究出版社 出版发行

（100006　北京市东城区灯市口大街 100 号华腾商务楼）

金世嘉元（唐山）印务有限公司印刷　新华书店经销

2022 年 11 月第 1 版　2023 年 5 月第 2 次印刷

开本：720 毫米 ×1020 毫米　1/16　印张：9

字数：125 千字

ISBN 978-7-5199-1376-2　定价：59.80 元

电话（010）64217619　64217612（发行部）

· 前言 ·

学习高手是这样练成的

有句话说："一个人学习的态度，决定着他的人生高度。"而人生的成就感，则正是来源于你每一次面对事情的态度。永远不要低估身边的学霸们，因为你根本不会知道，他们学习起来到底有多拼。

一位网友曾在知乎上提问："有哪些可以给年轻人的忠告?"一个高赞回答说："如果你现在不努力让自己过上想要的生活，那么以后，你就会浪费大把时间，去应付你不想要的生活。"这个世界从来都很公平，任何付出都有所收获。有的人之所以能够越走越远，不是因为他们幸运，而是在你混日子的时候，他们在努力前行；在你"躺平"的时候，他们在坚持付出。就像书籍《态度》中的一句话："每个人的命运，就藏在他自身的态度里。你对人生有什么样的态度，你就会有什么样的命运。"

《异类》中也有一句话："人们眼中的非凡卓越，并非天资超人，而是肯付出努力和改变。"哪有什么一夜成名，其实都是百炼成钢。所谓学习高手，不过是吃够了他人吃不了的苦，忍够了他人无法忍受的磨难，才有了别人羡慕的好成绩，拥有了别人无法比拟的光鲜亮丽。这个世界从没有不劳而获的捷径，所有的成功都有代价。一个人也只有吃过了无数的苦，才能享受无尽的甜。

很喜欢哈佛学霸詹青云的一句话："使唐僧成为唐僧的，不是经书，而是取经的那条路。"对于人生来说，其实是没有任何捷径的。很多你看起来的毫不费力，追根溯源不过都是脚踏实地的努力。就像一位哲人说的那样："星光不问赶路人，时光不负有心人。在绽放之前，你总要一个人在黑暗中走很远很远的路。命运绝不辜负你，它只是在磨炼你成长。将来的某一天，你终会发现，那些吃过的苦，受过的累，都将成为夜空中最亮的星，指引你成为更优秀的自己。"

本书作者从多个方面逐步向读者展示了多种学习方法以及一些学习高手的技巧，提供了很多学习方面的有效建议。不论是在学习新知识的过程中，还是在巩固复习的阶段，本书都能帮助大家培养良好的学习习惯，快速提升学习效率，增加学习乐趣。

目录

CONTENTS

CHAPTER 1
大脑潜能与综合力

002 第 1 天 挖掘学习潜能
006 第 2 天 集中注意力
010 第 3 天 培养观察力
015 第 4 天 提升创造力
019 第 5 天 增强记忆力
024 第 6 天 注重强身健体
028 第 7 天 改进影响因素

CHAPTER 2
学习目标与兴趣

034 第 8 天 树立学习目标
038 第 9 天 提高学习兴趣
046 第 10 天 健康的学习情感

CHAPTER 3
动机、技巧与习惯

050 第 11 天 适当的学习动机
055 第 12 天 巧妙掌握学科知识
060 第 13 天 养成好习惯

CHAPTER 4
制订学习计划

066 第 14 天 安排好学习时间

070 第 15 天 有张有弛地学习

073 第 16 天 告别拖延

077 第 17 天 坚定的时间观念

081 第 18 天 差异与个性

CHAPTER 5
学习策略与方法

086 第 19 天 学习策略

090 第 20 天 学习效率

093 第 21 天 跟上老师的思路

096 第 22 天 加强师生交流

100 第 23 天 熟悉教学方法

103 第 24 天 背诵方法和技巧

CHAPTER 6
学习习惯与心态

110 第 25 天 自主学习习惯

113 第 26 天 坚强的意志力

119 第 27 天 学习要专心

123 第 28 天 学习的态度

127 第 29 天 克服学习焦虑

132 第 30 天 克服考试焦虑

137 附录 1：学习高手 30 天打卡记录

138 附录 2：学习高手 30 天任务清单

CHAPTER

1

大脑潜能与综合力

第1天

挖掘学习潜能

小学生的大困惑

每个人都有巨大的潜能，有自己独特的个性和长处。可是，很多人却不了解自己有什么长处，认识不到自己的潜能在哪里。

每个人都有自己的强项与弱项，有的人显现得较早，有的人显现得较晚；有的人潜藏得很深，有的人很快就表现出来；有的人智能能够得到良好的开发，有的人智能可能受到压抑，甚至一生都没能开发

出来。

许多人因为发现了自己的潜能，并真正找到了挖掘自己潜能的方法，走向了成功。下面的这只鹰或许能带给你启示。

一个人在高山之巅的鹰巢里捉到了一只幼鹰。他把幼鹰带回家，养在鸡笼里。

这只幼鹰和鸡一起啄食、散步、嬉闹和休息，它以为自己是一只鸡。随着幼鹰的长大，它的羽翼也逐渐丰满。

主人想把它训练成能在天空飞翔的鹰，可由于终日和鸡在一起生活，它已经和鸡一样，不知道自己还能飞。主人试了各种办法，都毫无效果，最后把它带到山崖顶上，将它扔了下去。一开始这只鹰像块石头似的，在下落的过程中它只能拼命地扑打翅膀，最后居然飞了起来！这时，它终于认识到自己生命的力量，用力地展翅高飞，翱翔天空，成为一只真正的鹰。

想一想

从这个案例中，你得到哪些启示？

____

____

每个人都是独一无二、禀赋各异的个体，都会有不同的才能和天赋。尺有所短，寸有所长，正如银行家擅长投资理财，但对种地却可能毫无头绪。与其盯着自己的弱点去比较别人的长处，不如专注自己的长处，把它做得更好。所以，无论何时都要有一颗不畏惧的心，充满自信，相信自己通过努力，一定会做好。坚定信心，是挖掘自己学习潜能的必备条件。

只要有机会和恰当的方法，每个人都能够表现出自己的聪明才智，每个人都能够取得成功，就看你以何种方式点燃自己的智慧。就像外行人难以看出一堆貌不惊人的石头有何特别之处，但眼光独到的珠宝商人一眼就能看出其中藏着价值不菲的宝石。我们要像珠宝商人认识宝石一样了解自己。

善于发现自己的长处，挖掘自己内在的潜能，不但可以提升自我的生命价值，而且可以给予自己激情和动力，从而达到创新自我，开拓生活新天地的高层境界。

• 每日学习打卡 •

学习任务：	
完成情况：	优 ☐　　良 ☐　　一般 ☐　　差 ☐
小　　结：	

2 DAYS

第2天

集中注意力

小学生的大困惑

小敏已经读四年级了，在课堂上总是想一些与学习无关的事情，有时候想自己的布娃娃，有时候想和自己的小伙伴玩耍。成绩下滑了不少，心里非常着急。

一位雄心勃勃的青年向一位智慧老人请教“成功秘籍”。智慧老人说：“要成功很简单，你要同你的对手打拼、竞争，这些人都是很优秀的人，但他们都有一个通病：聪明绝顶、万事通，但自命不凡、做事绝不专心致志。要打赢他们并不困难。”智慧老人顺手拿起一支铅笔，用平的一头戳青年的手臂，问青年感觉怎样，青年说：“不疼。”智慧老人突然把铅笔头掉转过来，把尖的一头刺向青年，青年疼得大声叫喊。智慧老人说：“这就是‘成功秘籍’。你把所有的精力、资源集中为一点，就无坚不摧了。”

如果人的精力有十分，把它分成 10 份去做 10 件不同的事，那么每做一件事你只能用一分的精力，一分的精力能做成什么大事呢？只能是一事无成。如果你把十分的精力聚集在一起，那它就是一把锐利的钻头，无坚不摧，无往不胜。

古书上说：“夫五指之更弹，不如卷手一挃；万人之更进，不如百人之俱至也。”意思是说：五个手指头轮番敲打，不如握紧拳头猛力一击；一万个人轮番进攻，不如一百个人同时动手。在对付学习中的困难时，集中原则是十分有效的。

一个自学英语的青年发现，学好英语首先要掌握词汇、语法并阅读大量书籍。于是，他先把词汇作为学习英语的突破口。在学习词汇的过程中，他又从出现频率最高、含义最丰富、用途最广的基本词汇入手。记住了基本词汇，再扩展一般词汇和专业术语，再弄懂了语法，就可以迅速进入阅读专业书籍的阶段。因此，他每拿到一本简单英文读物时，首先就背后面的词汇表，后来又开始背词典。他先后背了几十本各类小词典，掌握了大量的词汇，为学好英语奠定了基础。

集中原则可以运用到学习的各个方面。你的精力

可以集中起来，用于一项内容的学习。你的时间可以集中起来，专攻某一学习内容。你的知识可以集中起来，组成一个合理的知识结构。你还可以在一定的时间内，把积累起来的资料归类，从中发现新的信息、新的知识。你可以集中突击所需要的内容，以进行某项研究或参加考试。

《学弈》里的故事告诉我们做事不能三心二意，要学会专心致志，才能学有所成。

弈秋是春秋时期有名的围棋高手。由于弈秋棋术高明，当时有很多年轻人想拜他为师。弈秋收下了两个学生。一个学生诚心学艺，听课从不敢怠慢，十分专心。另一个学生却不下功夫，上课时心不在焉，探头探脑地朝窗外看，想着大雁什么时候才能飞来，可以张弓搭箭射两下试试。两个学生同在学棋，同拜一个老师，前者学有所成，后者却未能领悟棋艺精髓。

专心致志是学习的先决条件，在同样的学习条件下，专心致志学习的人肯定比三心二意的人学得更好。不同的学习态度决定了不同的学习效果，学习必须要专心致志，才能取得卓越的成绩。

小贴士

• 番茄学习时间管理法

将番茄时间设为 20 分钟，这一时段只写某一门学科的作业，中途不做任何与这门学科作业无关的事，直到番茄时钟响起，休息 5 分钟。然后再开始下一个番茄时间。

如果你留意，就会发现，我们的知识几乎都是在集中原则下获得的。几天读完一本书，几个星期学会一个方法，几个月学完一门课程等。当你有意识地运用集中原则，你的成果一定更加辉煌。当你在某项事业上倾注了一生时，你就能成就一番伟大的事业。

• 每日学习打卡 •

学习任务：

完成情况： 优 □ 良 □ 一般 □ 差 □

小　结：

第3天

培养观察力

小学生的大困惑

观察力是创造力的基础，只有仔细观察，才能发现事物之间、知识之间细微的差别，发现别人不易发现或容易忽略的信息。可我为什么观察很久也发现不了？

达尔文说过：“我既没有突出的理解力，也没有过人的机智，但是在觉察那些稍纵即逝的事物，并对其进行精细观察的能力上，我可能在众人之上。”很多有成就的科学家都具有敏锐的观察力。

瓦特在观察到水沸时壶盖被水蒸气掀动这种司空见惯的现象后，不断钻研，最终发明了蒸汽机，推动了西方工业化的发展速度，也标志着农业与工业两个时代的更替。

巴甫洛夫也是从精心观察狗的唾液分泌等现象入手，创立了高级神经活动学说。巴甫洛夫一生都非常重视观察，为告诫自己以及自己的学生，他在实验室的墙上，写了发人深省的几个大字：观察、观察、再观察！

养成认真观察、仔细观察、善于观察的良好习惯，就可以更迅速地去了解所处的环境、所要学习的内容，让自己的成长变得更加轻松。下面的故事中，牧师的儿子就是通过观察分析牧师撕下的那一页纸的具体特征，快速地完成了任务。

一个星期天的早晨，牧师在家里准备讲道的资料，他的儿子却吵闹不休。牧师无奈，在一本杂志上撕下一幅彩色地图，把它撕碎，对他儿子说："如果你能拼好地图，我就给你一元钱。"牧师以为儿子会用一上午的时间拼好它。但没过几分钟，儿子就拿着一幅拼好的地图来找他了。他十分惊讶地问："你怎么拼得这样快？"儿子说："这很容易，在另一面有一个人的照片。我就把这个人的照片拼在一起，我想如果把这个人拼正确，那么，这幅地图也就是正确的。"牧师给儿子一元钱，说："如果一个人是正确的，那么他的世界也就会是正确的，你替我准备好了讲道的资料。"

想一想

从牧师的话中，你得到了哪些启示？

____

____

牧师儿子的拼图方法独特、新颖而有价值，这是他善于观察并动脑思考的体现。一个在生活中善于观察与发现的人，更容易找到别人无法找到的方法，自然也就更容易取得别人无法取得的成功。

对孩子来说，观察是他们认识世界、增长知识的重要途径，观察能力的强弱，直接影响到孩子智力水平的高低。观察力在各科学习中都是不可或缺的重要能力。比如判断字形、字义之间的微妙差别，识别各种符号、原理之间的不同，设未知数、解方程和找等量关系等都需要较强的观察力，去发现算式中各个数的特征和图形的关系。

国外曾有人做过一个实验：选两组儿童，一组进行一般的训练，另一组进行加强观察的训练。一年之后，把一只两组儿童都未曾见过的鸟的标本给他们看，要求讲出这只鸟的特征。没有经过训练的儿童注意力只停留在鸟的颜色上，而经过训练的儿童，不仅能讲出鸟的颜色，还能讲出各部分的形状特征，甚至还能判断出这种鸟的嘴和爪子很尖利，可能是一种猛禽。

可见，敏锐的观察力并不是天生的，而是后天培养的，如果孩子从小得到科学的训练，那么孩子的观察力就能快速地发展起来。如何培养孩子的观察力呢？我们可以参照以下的方法。

1. 特点观察法

抓住观察对象的特点进行观察，注意容易忽视的细节，对事物的观察要按顺序、有主次之分。比如认识动物时，可以对头颈、躯体、四肢、尾等几个主要的部分，按照从上到下，或者从整体到局部的顺序来观察。

2. 多感官观察法

带孩子观察时尽量调动孩子的眼、耳、鼻、手等器官。比如冬天下雪了，可以走到雪地上观察雪景，用手感受一下，用鼻子闻一下……写关于雪的文章时便能写出切身体会。

3. 比较观察法

让孩子比较同一事物在不同发展阶段的特点。比如观察绿植发芽、长叶、开花、结果等不同阶段的变化。也可以比较不同事物间的区别，比如苹果树和桃树，这样也容易发现事物间的细微差别和相似之处。

小贴士

• 观察类作文的写作技巧口诀

眼看耳听心要想，触觉嗅觉和味觉。观察事件要连贯，生活细节细体验；观察人物抓特点，神态动作和语言；典型特征细心看，突出特点要记全。观察景物要联想，静态动态细端详；形状颜色和气味，联系生活多想象。定点观察按空间、时间变化分阶段；动态观察写游记，地点变化要牢记；抓住特点和重点，景物特征记心间。观察动物很容易，外形习性牢牢记；观察植物方法多，生长过程分四季。静态动态要联想，联系生活举事例。观察建筑按远近，空间方位有条理；外形结构与作用，分类观察均须记。观察物品很特殊，形状结构和用途；对照特点多联想，联系生活多想象。眼中有情笔生趣，拟人观察很容易。

• 每日学习打卡 •

学习任务：

完成情况：　优 □　　良 □　　一般 □　　差 □

小　　结：

第 4 天

提升创造力

云云的动手能力很差，每次有动手制作小手工，或者发挥创意的活动，她都不知道做些什么。所以，每次她拿出来的作品都是爸爸制作的。

创造思维和创造能力，是培养 21 世纪人才的核心。各个国家都在尽力培养学生的创造性思维，它是国家进步和发展的动力。

学生放学回家，一些家长可能会问："老师讲的听懂没有？老师的问题回答上来没有？"

还有一些家长可能会这样问："今天向老师提了几个问题？把老师难住没有？"

两种问话，反映了两种教育观念：一个是注重对知识的掌握；一个是注重对创造性思维的培养。我们学习知识、积累知识，不是要把前人的知识一成不变地记录下来，而是要有创新和发展，这样我们的学习才有价值。无论是记忆力的培养还是注意力的培养，最终都要使其具有创造力。有创造力才会有新知识和新科技的产生，才会有新事物的出现和社会的进步。

作家艾芜年轻时生活极其艰苦，生活所迫，离家漂泊，靠给人打短工、做杂役为生。但就是在这样艰苦的环境中，他仍然坚持不懈地读书、写作和学习。

在漂泊的路上，行李、日常用品都被艾芜变卖了，可他最心爱的一箱书、一支笔和一个墨水瓶却一直陪伴着他。他的学习内容就是观察。在小客栈昏暗的油灯下，在林荫的山坡上，他随时把一路上的所见所闻、感受和联想全部记录下来，然后再分门别类地归纳、整理，妥善地保存起来。即使在替别人挑担子时，他也会小心谨慎地把笔记本放在竹筐里。

他在缅甸的一家客栈当伙计，虽然工作紧张忙碌，但他仍不忘观察，抽空记录见闻、杂事以及较有趣味的方言土语。

艾芜以他独特、敏锐的目光，深入观察生活，记录了大量有价值的东西。他给自己制订了一个学习计划，每天按照规定写当天的见闻、感受和心得，再整理、改写成文章。他把它们挂在房间的墙壁上，一有空就阅读几遍，并且记在心里。不断地观察和积累，终于使他成为一个有思想深度的作家，创作出大量优秀的作品。

想要拥有创造力不是一件容易的事，以下是提升创造力的几个方法。

1. 打破习惯性方式的束缚

安于现状，是无法激发创造力的。所以，一定要摆脱束缚，从日常的小事做起。把要记忆的东西，制成图画，在脑海中转换成动画，灵感就很容易被激发出来。

2. 经常性自我询问

定期的反省，可以帮助你确信你的创造构思，如“还有没有更好的方法”等，可以帮助自己优化原来的构思，使自己的创意更为谨慎。

3. 置身多个领域

大脑的左半边更倾向于关注细节，而右半边更倾向于关注全局。我们过去认为左脑负责逻辑思维，右脑负责发散思维，其实没那么简单。左脑更聚焦，右脑更关注全局。即使在某个领域已经小有成就，也要想办法去置身其他领域，不仅可以摆

脱原先的惰性，还能在其他领域发展起来后，将它们联系起来。这样创造开发的潜力更大。

4. 关注细节

在危机时刻，我们会关注细节。我们想知道此时此刻是否有解决问题的信息可用，会变得更相信分析和遵循逻辑，更倾向于选择成功率高的、简单的行动计划。

5. 给大脑添加营养

如果不能定期向模式识别系统输入新信息，那么大脑就会缺乏在各个想法之间建立联系所需的能量。这就是为什么“机会只偏爱有准备的人”。也就是说，我们见得多、看的案例多，就有了能量。所以，不要总躲在书桌后面，要多出去走走，看看周边的世界。

• 每日学习打卡 •

学习任务：

完成情况： 优□ 良□ 一般□ 差□

小　　结：

第5天

增强记忆力

小敏晚上睡觉前背了一首古诗，第二天就忘了一大半。小如学习舞蹈时好几个动作都做得不标准，反复练了好几天才能跟上其他小朋友。

记忆是过去的经验在人脑中的反映。它包括识记、保持、再现和回忆4个基本过程。其形式有形象记忆、概念记忆、逻辑记忆、情绪记忆、运动记忆等。

记忆的大敌是遗忘。提高记忆力，实质就是尽量避免和克服遗忘的过程。在学习活动中，只要进行有意识的锻炼，掌握记忆的规律和方法，就能改善和提高记忆力。

一、提高记忆力的方法

1. 注意力集中

记忆时只要聚精会神、专心致志，排除杂念和外界干扰，大脑皮层就会留下深刻的记忆痕迹而不容易遗忘。如果精神涣散，一心二用，就会大大降低记忆效率。

2. 兴趣浓厚

如果对学习材料、知识对象毫无兴致，即使花再多时间，也难以记住。

3. 理解记忆

理解是记忆的基础。只有理解的东西才能记得牢，记得久。仅靠死记硬背，则不容易记得住。对于重要的学习内容，如果能做到理解和背诵相结合，记忆效果会更好。

4. 加强学习

即对学习材料在记住的基础上，多记几遍，达到熟记、牢记的程度。

5. 及时复习

遗忘的速度是先快后慢。对刚学过的知识，趁热打铁，及时温习巩固，是强化记忆痕迹、防止遗忘的有效手段。

6. 经常回忆

学习时，不断进行尝试回忆，可使记忆中的错误得到纠正，遗漏得到弥补，使学习内容难点记得更牢。闲暇时经常回忆过去识记的对象，也能避免遗忘。

7. 视听结合

可以同时利用语言和视觉、听觉器官的功能，来强化记忆，提高记忆效率，比单一默读效果好得多。

8. 多种手段运用

根据情况，灵活运用分类记忆、图表记忆、缩短记忆以及编提纲、做笔记、卡片等记忆方法，均能增强记忆力。

9. 科学用脑

在保证营养、积极休息、进行体育锻炼等有利于保养大脑的措施基础上，科学用脑，防止过度疲劳，保持积极乐观的情绪，能大大提高大脑的工作效率。

小贴士

• 记忆的最佳时间

一般来说，上午 6~7 时，下午 4~6 时，晚上 7~9 时，是最佳记忆时间。利用上述时间记忆难记的学习内容，效果较好。

二、提高记忆力的步骤

1. 平心静气

在日常生活与学习中，始终保持一种让自己平心静气的心态。

2. 提高大脑工作效率

通过调整自己大脑的工作和休息时间，让大脑得到充分的休息。疲劳会降低大脑的工作效率。

3. 坚信“一定能记住”

树立起自己记忆优良的信心，并时时提醒自己要记住必须记住的东西。

4. 找到适合的方法

找到一套适合提高自己记忆力的方法，训练再训练，提高再提高。

5. 保持足够的兴趣

保持对世界充满浓厚的兴趣，兴趣是记忆的第一推动力。

6. 强烈的愿望

具有强烈的愿望，从而有效促进自己的记忆。

• 每日学习打卡 •

学习任务：

完成情况： 优 □ 良 □ 一般 □ 差 □

小　结：

6 DAYS

第6天

注重强身健体

小明是个特别不愿意运动的孩子。他认为锻炼太苦太累了。因为他每次运动结束之后都感觉浑身无力，第二天还会出现腰酸背痛的情况，以致他越来越懒，最后连爬楼梯都气喘吁吁……

随着人们物质生活与文化水平的不断提升，我国青少年的体质状况愈加令人担忧。视力下降、体重上升、柔韧性降低，青少年整体体质下降已成为不得不面对的事实。

美国心理学家哈洛曾提出：“只给食物和拥抱，不给孩子充足的运动和玩耍，脑部控制运动和平衡的感官系统、与触觉及运动相连的情感系统等，都会受到非常大的影响，也就是说，脑功能会失常，表现为暴力、幻觉以及精神分裂。”如果长期不运动，会让孩子的脑功能出现问题，进而引发一系列的不良问题，让孩子陷入困境之中。

孩子只有坚持运动，身体才能够健康地发育。而学生平时应如何让自己更健康，从而保证大脑充分运行呢?

一、培养良好的锻炼习惯

培养良好的锻炼习惯，包含两层意思：一是科学地进行身体锻炼；二是把体育锻炼作为日常生活的一种需要，成为一种习惯。其中，**科学地进行身体锻炼是基础，只有养成科学地锻炼身体的习惯，才能称得上是良好的锻炼习惯。**

二、良好的饮食环境与饮食习惯

1. 就餐环境应清洁、明亮、舒适

这样，可使就餐者心情轻松愉快，消除大脑皮层的紧张与疲惫，从而增进食欲。

2. 定时定量进餐

定时定量，可使消化液的分泌和胃肠蠕动形成规律。假若进食不定时，饥饱不均衡，会引起胃肠功能紊乱，影响消化吸收。

3. 不暴饮暴食，不偏食和择食

暴饮暴食容易引发胰腺炎和急性消化不良、胃炎等。喜欢吃这种而不爱吃那种，或只吃几种食物，其他的都不愿吃，这称为偏食和择食。要知道不同食物所含营养不相同，再好的一种食物都不能涵盖所有的营养成分。

4. 少吃零食

吃零食时间一长，机体必需的营养物质摄入不足，会导致营养不良。另外，吃零食时会把手上的脏物与细菌带入口中，易感染肠道疾病。

5. 饭前饭后半小时

饭前饭后半小时内不要从事紧张的脑力劳动或剧烈运动。这样做会造成胃肠蠕动减弱，消化液分泌减少，影响消化吸收功能，严重时还会引起胃炎或其他胃肠道疾病。

三、保证睡眠

良好的睡眠能强化脑部功能，并养成容易放松的特质，让孩子经常保持在最佳状态。简单地说，就是“头脑清醒，身体放松”。家长需要注意培养孩子良好的睡觉习惯，为孩子营造良好的睡觉环境，并且要有固定的时间让孩子慢慢形成生物钟，同时在睡前不可让孩子过于兴奋与激动，这会影响到孩子的睡眠质量。

• 每日学习打卡 •

学习任务：

完成情况： 优□ 良□ 一般□ 差□

小　　结：

7 DAYS

第7天

改进影响因素

小学生的大困惑

宁宁最近一段时间迷上了电子游戏，晚上总是趁着爸爸妈妈都睡觉了，偷偷拿出游戏机来玩，一直能玩到凌晨2点以后。这导致了他上课时总打瞌睡，根本进入不了学习状态。

人们习惯性地把孩子成绩的好坏归因于两个方面：是否聪明；是否用功。但是，这实际上只是最浅层次的表象，越来越多的研究表明，影响成绩的因素其实是多方面的：学生身体状况和心理状况、教师的水平和责任心、家长的水平和关爱度、学习环境，等等。总之，影响学生成绩的因素有很多，找出来并针对它们做出改善才是我们要做的。

一、生理因素

生理因素包括睡眠、体质、饮食、疾病等。如果一个学生长时间睡眠不足，或饮食不科学，就会影响到学习状态。比如有个学生上课突然晕倒了，师生赶紧把他送到医务室，检查完才发现是他长时间不吃早饭造成了低血糖，而大脑对血液中的血糖浓度十分敏感；还有个男生虽然长了 1.65 米的个子，体重却不到 50 千克，原因就是他吃饭特别挑食，不吃香菜，不吃芹菜，不吃馒头，长期这样下去，他便出现了营养不良的症状。人的大脑在工作时消耗的能量十分大，营养供给不足会影响到智力活动水平，进而影响到学习效率。脑组织本身是十分娇嫩和

脆弱的，它必须有充分的能量物质和氧气的供应才能维持其正常功能和潜能的发挥。

二、动机因素

学习动机指的是致力于学习的原因，而学习目的则指的是学习活动所要达到的结果。学习目的相同的学生，其学习动机不一定相同；学习动机相同的学生，其学习目的也可能不同。学习动机与学习目的可能相互转化，在一种情境下的学习动机，也可能是另一种情境下的学习目的。

小贴士

• 该如何理解学习动机呢？

学习动机是直接推动学生进行学习的一种内部动力，是激励和指引学生进行学习的一种需要。

初入学的儿童并不能真正理解学习的意义。一种情况是，他们要求学习，最初只是出于对学校小朋友的羡慕，对学校里的一切都感到新鲜和好奇，时间长了学习动机会渐渐减弱。另一种情况是，在教育的引导下，处于童年期的儿童可能会产生“为了学好本事，将来更好地建设祖国”这种具有深远意义的学习动机，但受到认知水平的影响，他们往往停留在口头表达上，并不能真正理解这一目标的深刻含义，也很难将这一目标真正转化为学习的动力。

三、策略因素

学习策略主要是解决怎么学的问题，比如学习过程中的预习、听课、复习、练习、应试、计划、时间等。我们不要求同学们对所有的科目都预习，但是对于在学习过程中感到比较困难的科目一定要预习，这样才能保证下一个学习环节——听课的效率。在听课过程中，学生要尽可能去适应不同教学风格的老师，形成适合自己的学习方法。

四、心理因素

心理因素是提高学习效率的保障，包括自信心、意志力、

情绪状态、注意力水平、焦虑程度、归因模式等。自信的同学在学习过程中，大脑皮层就会被充分地激活，在学习中头脑清醒、反应敏捷、思路灵活，而不自信的同学总会感到自己不在状态，做题很不顺手，思路没有流畅感。

五、环境因素

环境因素是提高学习效率的外在条件，如人际关系、班级氛围、家庭环境等。例如，有这样一个学生，因为同学进教室时摸了一下他的头，两个人就争吵了起来，结果一节课都无心学习。直到第二天，他还问老师以后该怎么面对这个同学。这位同学因为没处理好人际关系，从而对学习产生了影响。

· 每日学习打卡 ·

学习任务：

完成情况： 优□　良□　一般□　差□

小　结：

CHAPTER

2 学习目标与兴趣

第8天

树立学习目标

小学生的大困惑

新学期一开始，小叶想得很好：每天要做什么，每周要做什么，每个月要做什么，整个学期要做什么。可就是不知道怎么去做，不能具体落实到学习生活中。

一、制订一个长远规划

比如一年规划（期末成绩、各科内容、学习目标等），进而做出本月规划，本周计划乃至本日计划。只有这样，你才能知道要学什么，要怎么学，你的学习动机才会强烈，学习效果才会显著。

二、要注意使自己的学习系统化

比如，可采用这样的步骤：“预习 + 听讲 + 复习 + 做题 + 温习（小结）。”要使学习系统化，一要制订学习时间计划，二要理解各科的差别，不同的学科，要用不同的复习方法。

对于数学来说，要系统地、有步骤地学习；而对于语文来说，应注意学习思想观点及有关细节。对于个人来说，各科之间必有强弱之分，要多留出些时间给弱科，以求学科平衡。随着标准分计分法的实行与推广，学科平衡的重要性越来越显著。

想一想

你是如何制订学习目标的呢？

____

____

三、要提高学习效率

把日常生活中经常浪费的时间找出来，然后把这段时间充分、高效地利用起来。

四、切记学习需专心致志

人们依靠自身能力能够控制自己的大脑，使其高效地工作。无论在什么问题的解决过程中，无论在什么科目的学习

过程中，只要注意力集中，就会很容易发现关键所在。

要想培养注意力高度集中的习惯，就必须每天为自己全神贯注地学习制订一个时间计划。

五、把目标化作行动

制订目标是为了达到目标，目标制订好之后，就要付诸行动去实现它。如果不化目标为行动，那么所制订的目标就毫无意义。

相对来说，制订目标是很容易的，难的是付诸行动。制订目标可以坐下来去想，实现目标却需要扎扎实实的行动，只有行动才能将目标转化为现实。

相当多的孩子制订了目标之后，便把目标束之高阁，没有投入实际学习中去，结果仍然是一事无成。

“迟迟不见行动”是十分有害的，不仅不能实现自己确定的目标，而且消磨意志，使自己逐渐丧失学习的信心和进取心。

要做一件事，常常缺乏开始的勇气。但是，如果你鼓足勇气开始做了，就会发现，开始做一件事最大的障碍，往往来自内心——缺乏行动的勇气。有了勇气，下决心开了头，再往下做就会是顺理成章的事情了。

有了第一步，就会有第二步、第三步……这样不断地做下去，你就会发现离目标越来越近，所有的目标正在渐渐地成为现实。

朝着确定的目标持之以恒、锲而不舍地做下去，这便是实现目标的唯一办法。

• 每日学习打卡 •

学习任务：

完成情况： 优 □　良 □　一般 □　差 □

小　　结：

第 9 天

提高学习兴趣

暑假里，小文和哥哥一有时间就凑在一起打游戏、踢球。一写暑假作业，就坐不住了，最后拖到了开学的前一天，才把作业“突击”完。

不少家长为孩子在学习上不上心的问题感到非常头疼，孩子总是提不起学习兴趣，好像怎么学也学不进去。家长只有了解孩子不爱学习的原因，才能对症下药，找出解决的方法。

孩子不爱学习常见的原因主要有以下几方面。

一、认为自己学了没什么用

认为自己学了也没什么用的孩子，主要是他们对自己不自信，对自己的未来不抱希望。这种孩子虽然乖乖听父母的话，表面上好像热爱学习，但是他们的心思已经不在学习上了。

二、没有发现学习的乐趣

很多孩子不喜欢学习，主要是觉得学习枯燥无味，没有乐趣，父母给的压力大，课程负担又重，从学习上得不到成就感和满足感。

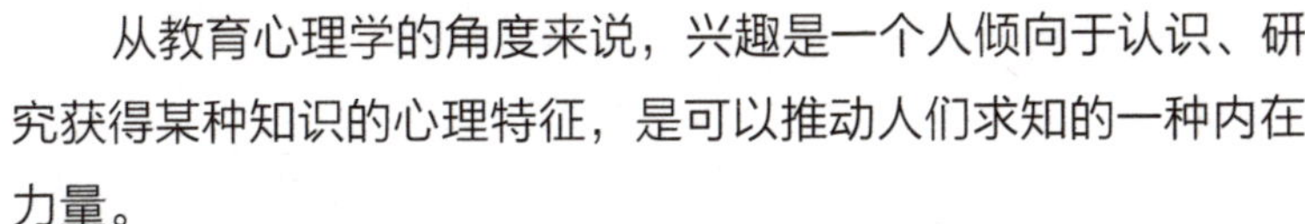

• 什么是兴趣？

从教育心理学的角度来说，兴趣是一个人倾向于认识、研究获得某种知识的心理特征，是可以推动人们求知的一种内在力量。

三、学习适应能力差

一旦经历失败之后，有些孩子便会将失败的原因归结于自身，认为自己没有成功的能力，也不知如何追求成功，产生失落感，从而不愿再尝试。

四、认为自己根本就学不会

有些孩子的学习能力比较弱，再加上学习方法不得当，就会陷入怎么学都好像没有进步的局面。这就会逐渐失去前进的动力。

孔子说：“知之者不如好之者，好之者不如乐之者。”有了兴趣就会产生一种定向关注力以及积极的学习态度和克服困难的学习行为。兴趣有三个层次：

（一）有趣

有趣是由外部新、奇、异的事物现象的直接刺激而产生的兴奋、快乐和好奇心理，但多局限于事物的外部特征和现象，当外部刺激消失，其快乐感就会下降，指向性逐步减退。因此这种兴趣是不稳定的、持续时间短的——最低层次的兴趣。

一般来说，人从儿时开始都带有一些“研究”精神。比如，小皮球拿在手里，就要拍它、捏它，看它滚动、看它跳。若是捉到一只蝴蝶，就想看看它的躯体究竟是怎么构成的。从儿童眼光来看，宇宙中的万物，没有一种不是新鲜有趣，值得把玩、观察、研究的。可见，有趣往往是人被客观世界所吸引而产生的结果。

“有趣”有 3 个特征，即直观性、盲目性和广泛性。教师引发学生产生“有趣”要注意 4 点：一是问题要小而具体；二是问题要新而有趣；三是要有适当的难度；四是要富有启发性。

（二）乐趣

乐趣是在有趣的基础上形成的：它的指向性已不限于事物的表面，而是开始探索事物深层次的本质。它比有趣持续时间长，也较稳定，专注性进一步增强。

研究表明，学习兴趣与学生的基础知识有关，只有那些学生想知道而又不知道的东西才能激起学习兴趣。想要知道奥秘的渴望会激发人去行动。比如，伽利略年轻时，偶然看到教堂廊檐下挂的灯正在摆动，他出神地凝视着，觉得来回摆动的时间都一样，他就按着自己的脉搏计算来回跳动的时间。这种学习兴趣，最终使他发现了灯摆的等时性。

还有这样一个天文学家：在学生时代夏夜纳凉，指北斗而定方向，按中星而记时辰，开始不过是觉得有趣而已。随着年龄的增长，他进一步观察星座、认识星云、辨别行星、观测月球，见到四时不同，晨昏互异，兴趣进而产生。于是，他再进一步了解日食月食的原理，查证光年的距离，发现了火星上的“运河”。一步一步地深入研究，让趣味变得更浓，他对天文学

产生了兴趣。**兴趣是追求真理的第一步，学生产生了学习兴趣，就能唤起学习的劲头。**

（三）志趣

志趣的形成不单纯是因外界事物的刺激，更主要的是它是学习者的社会责任感、理想、人生价值观、信念、意志、性情等主观因素结合的产物。学习主体的指向性更加稳定、自觉、主动，而且当对外界刺激感到枯燥乏味时，也能够坚持下去，稳定性更强，持续时间更长。

具有个性特征的学习兴趣，与高尚的理想和远大的奋斗目标相结合时，兴趣就发生了飞跃，而成为志趣。志趣是学习兴趣的归宿。志趣可以决定一个人的进取方向，奠定他事业的基础。因此，教师新颖有趣、逻辑性强的教学内容，丰富多样、生动活泼的教学方法和格式不断变化的作业内容都可以不断地引起学生新的探究活动，从而激发起更高水平的求知欲。

学习兴趣不是天生的，而是通过后天指导、培养和保护才能够形成和发展的。如何培养孩子的学习兴趣呢？

1. 精心呵护孩子的好奇心

好奇心是孩子兴趣的源泉。好奇、好问，渴望通过自己的探索来了解世界是孩子的天性。当孩子带着问题去问父母的时候，父母不应该仅仅简单地将答案告诉孩子，而应该告诉孩子如何自己去思考。他们在好奇心的驱使下探索这个陌生的世界，对孩子来说，一切都是新鲜的，值得探索的。

2. 尊重孩子的兴趣

孩子好比各种树苗，有的像松柏苗，有的像杨柳苗，有的像榕树苗……不论是什么树苗，都可以长成大树。所以父母不应该强迫孩子学这一样，不学那一样，而是应该多给孩子一些自由宽松的空间，让他们自己去选择感兴趣的、喜欢的事。

从小培养的兴趣往往能为一生的事业奠定基础。

3. 找出原因并帮助解决

孩子不喜欢学习的原因非常复杂。孩子不喜欢读书，可能是某种因素导致的，如上学被老师批评了，读错了字遭同学讥笑，想看电视却被迫写作业，等等。这些原因逐渐在内心堆积起来，使他们渐渐地对学习失去了兴趣。

小贴士

• 自我乐趣训练方法有哪些?

1. 在学习前激励自己，自言自语，连说几遍，“我喜欢学习某科目”“某科目其乐无比”。

2. 注意积累成功经验。

3. 培养好奇心：平时多向自己提问“为什么”，多与同学讨论问题，感受知识的魅力。

4. 学会兴趣的迁移：随时把不利于学习的兴趣转移到学习上来。

5. 把学习兴趣与理想和奋斗目标结合起来。

父母首先要和孩子自由沟通，以温和的态度和孩子探讨为什么不喜欢学习。

4. 带孩子到大自然、社会中去

家长可以经常有意识地引导孩子到大自然中观察日月星辰、山川河流。投身大自然的怀抱、走进多样的社会生活中，开阔

眼界，从而提高学习的兴趣。随着孩子年龄的增长，可以启发他们把看到的、听到的画出来，并鼓励他们阅读有关书籍，学会提出问题。这样，孩子的兴趣广泛了，知识面扩大了，学习能力也在不知不觉中提高了。

·每日学习打卡·

学习任务：

完成情况： 优 □ 良 □ 一般 □ 差 □

小　结：

第 10 天

健康的学习情感

小学生的大困惑

小敏的语文成绩下滑得厉害，语文老师找她谈话。她只好说出了实情："最近父母总闹矛盾，心里很紧张，总是担心妈妈会离开这个家。"

学习情感是在学习过程中所产生的情感，是指人们对客观事物采取什么态度。人们在认识客观事物时，不是冷漠无情、无动于衷，而是带有某种倾向性，表现出鲜明的态度，充满着感情的色彩。

一、以情感化学生，引发积极情感

动情是引发情感主体积极的情感反应。对学生"晓之以理、动之以情"既是形成教育效果的条件，又是一种催化。教师必须具有真挚和丰富的情感，真心实意地关心爱护学生，尊重学生人格，加强与学生的情感交流，以情感化学生，以引发学生积极的情感。只有在教育教学中公平、公正地对待每一位学生，以真情和循循善诱的课堂教学影响学生，降低他们紧张和焦虑的程度，减轻心理压力，满足他们安全感和归属感，才能有助于激发学生的学习热情，使他们身心愉快地学习。

二、培养学习主动性和正确的情感观

在情感教学过程中，关注学生的情感——能够积极地、自信地学习，是学生学习状态良好的重要标志。现代教学论认为，

教学过程中不仅要向学生传递知识，提高其能力，而且还要培养学生的学习兴趣，最终使学生素质全面提升。

建立这样的心理情感，教师要在教学过程中不断为学生增设“疑问”和“悬念”，激发学生的求知欲和探索问题的积极性；教师要发挥“导”的作用，**让学生运用知识迁移规律，自己探索知识、发现规律，体验获得成功的喜悦**。

·每日学习打卡·

学习任务：

完成情况： 优□ 良□ 一般□ 差□

小　结：

CHAPTER

3

动机、技巧与习惯

第11天

适当的学习动机

小学生的大困惑

每到小学一年级入学季，很多孩子都是又哭又闹的，很不情愿地走进学校。有的孩子认为是爸爸妈妈逼着自己去上学，他们在很长的一段时间，都会想尽办法不去上学。

学习动机是推动学生进行学习活动的内在原因，是激励、指引学生学习的强大动力。学习动机指的是学习活动的推动力，又称“学习的动力”。

一、学习动机的内涵

人的各种活动都是由一定的动机引起的。学生进行学习也是为一定的学习动机所支配的。学习动机不是单一的结构，而是由各种动力因素组成的复合体。

学习动机的心理因素包括：学习的需要，对学习的必要性的认识及信念，学习兴趣、爱好或习惯等。从事学习活动，除要有学习的需要外，还要有满足这种需要的学习目标。由于学习目标指引着学习的方向，可把它称为学习的诱因。学习目标和学习的需要成为学习动机的重要构成因素。

根据动机产生的来源，可以把学习动机分为内部动机和外部动机。内部学习动机指的是个体内在需要引起的学习动机。也就是说诱因是来自学习者本身的内在因素，即学生因对活动本身发生兴趣而产生的动机，比如学习美术是因为对美术本身感兴趣。外部学习动机往往由外部诱因引起，与外部奖励相联系，即在学习活动以外由外部的诱因激发出来的学习动机，比如学习钢琴并不是因为对弹钢琴感兴趣，而是为了考取相应的

资格证书而去学的。这时学生不是对学习本身感兴趣，而是对学习所带来的结果感兴趣。

如果为了得到奖励或避免惩罚而学习，那只会暂时取得一定的成绩，从长远来看，对学习是不利的。很多学生不知道读书的目的，有些学生觉得上大学是顺理成章的，因为是老师和家长们所期待的。另外，也可以看出他们并不是为了自己非常感兴趣的东西而去读大学。这些学生的学习动机都还源自外界因素的影响，没有源自内心的热爱而形成内部动机。所以，很多学生考上大学之后，就感觉人生的目标达成了，失去了方向感，感到很迷茫。因此，在孩子取得成绩时，不要过多地给予物质奖励，可以适当在精神上表扬、鼓励，要把内在激励和外在激励相结合。

想一想

你为什么而读书?

____

____

二、如何激发学习动机

1. 明确学习目标，诱发学习动机

为什么要学习？这是目前很多学生都回答不好的问题。由此我们不难看出目前学生的学习目标性不强，所以我们首先要从内部需求出发，使学生认识到自己的学习目标，自己是学习过程中的主人，只有亲自参与新知识的探索和问题的解决，才能真正锻炼自己的思维、开发自己的智力。在明确学习目标后，我们还要注意给学生制订短期、适当的学习期望，使学生有个努力的方向与目标，从而激发学生积极进取的精神。

2. 增强学习兴趣，维持学习动机

美国心理学家布鲁姆认为，最好的学习动机莫过于对所学知识本身具有内在的兴趣。成功激发兴趣，能进一步激起孩子的求知欲望，从而推动其获得更多的成功。

3. 开展竞争活动，激发学习动机

小学生的年龄特征决定着他们发自内心的学习动机比较少。所以教师应该注意为学生营造一种诱发学习动机的外部环境，来激发其主动、自觉地学习。适当开展学科竞赛活动，可以提高学生学习的积极性，使学生的好胜心、求知欲、学习兴趣以

及克服困难的毅力增强，激发其学习动机，主动为自己和集体奋力学习。

4. 加强即时评价，强化学习动机

学习动机与学习效果相互促进、相互制约。学习结果的及时反馈，对强化和保持学习动机有着重要的作用。如以鼓励的形式对学生的学习成绩和行为进行评价，可以很好地激励学生，起到调动学生积极性的作用。另外，含有期望性质的评语也能促使学生再接再厉、积极向上，对加强学习动机有积极的作用。

• 每日学习打卡 •

学习任务：

完成情况： 优□　良□　一般□　差□

小　结：

第12天

巧妙掌握学科知识

小刚比较贪玩，每次都不提前预习。到了课堂上就感觉很吃力，跟不上老师的思路，感觉老师讲得太快了。

有一位画家，举办过十几次个人展，参加过上百次画展。无论参加者多与少，有没有获奖，他的脸上总是挂着开心的笑容。他之所以这样，和他儿时经历过的一件事情有很大关系。

这位画家小的时候兴趣非常广泛，也很要强。画画、拉手风琴、游泳、打篮球，样样都学，都想得第一，这当然是不可能的。于是，他闷闷不乐，心灰意懒，学习成绩一落千丈。有一次，他的期中考试成绩竟排到全班的最后几名。父亲知道后，并没有责骂他。晚饭之后，父亲找来一个小漏斗和一捧玉米种子，放在桌子上，告诉他："今晚，我想给你做一个实验。"父亲让他双手放在漏斗下面接着，然后捡起一粒种子投到漏斗里面，种子便顺着漏斗滑到了他的手里。父亲投了十几次，他的手中也就有了十几粒种子。然后，父亲一次抓起满满一把玉米种子放到漏斗里，玉米种子相互挤着，竟一粒也没有掉下来。父亲意味深长地对他说："这个漏斗代表你，假如你每天都能做好一件事，你就会每天有一粒种子的收获和快乐。可是，当你想把所有事情都挤到一起来做，反而连一粒种子也收获不到了。"

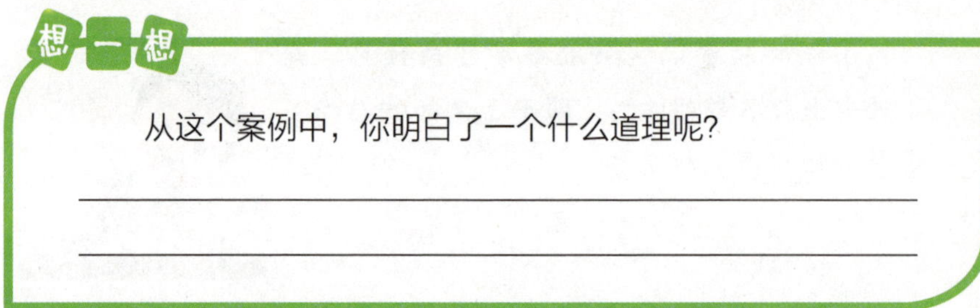

用对了方法，能够事半功倍。那么，如何更好地掌握学习方法呢?

一、合理安排学习时间

首先要清楚一周内所要做的事情，然后制定一张作息时间表。在表中填上那些必做的事情，如吃饭、睡觉、上课、娱乐等。安排完这些事情之后，选定合适的、固定的时间用于学习，还必须留出足够的时间来完成正常的阅读和课后作业。

二、学习前先预习

预习意味着在认真投入学习之前，先把要学习的内容快速浏览一遍，了解学习的大致内容及结构，以便能及时理解和消化学习内容。当然，要注意轻重详略：**在不太重要的地方可以少花时间，在重要的地方可以多花时间学习。**

小贴士

• 学习方法口诀

课前要预习，听课易入脑。温故才知新，歧义见分晓。自学新内容，要把重点找。问题列出来，听课有目标。听课要专心，努力排干扰。扼要做笔记，动脑多思考。堂堂要听清，周周要总结。月月要查漏，章章要记牢。课后需复习，回忆第一条。看书要深思，消化细细嚼。重视做作业，切勿照搬抄。编织知识网，简洁又明了。

三、充分利用课堂时间

学习高手很大程度上得益于在课堂上充分利用时间。课堂上要及时配合老师，做好笔记，来帮助自己记住老师讲授的内容，尤其重要的是要积极地独立思考，跟上老师的思路。

四、有选择性、有针对性地做题

要有选择性、有针对性地做练习题：选择做自己不太熟练的、全新的题型；针对某个重要的知识点多做相应的练习题；做有代表性的、能够举一反三的练习题。当然，对于已经掌握了的知识点，也要注意经常性地翻看它们，从而达到巩固和复习已学知识的目的。

比如数学科目，除了课本上的练习题外，可以挑选比较典型的习题，每做完一道题，认为自己已经掌握了其中的解题方法，并且可以举一反三的时候，可以不必重复做。但是，每隔一段时间，要挑选一些曾经熟知的习题做，以确保对这部分知识的二次掌握和增强熟练程度。

对于语文，要特别注重在课堂上消化新知识，完成老师特别交代的经典习题，利用课余的时间阅读相关书籍。

• 每日学习打卡 •

学习任务：

完成情况： 优☐ 良☐ 一般☐ 差☐

小　　结：

13 DAYS

第 13 天

养成好习惯

小学生的大困惑

晓雯已经上三年级了，学习总是拖拖拉拉，老师和家长用了好多方法，都收效甚微。

1988 年，75 位诺贝尔奖获得者在巴黎聚会，会议期间，有人问一位诺贝尔奖获得者：“您在哪所大学、哪个实验室学到了您认为最重要的东西呢？”这位科学家平静地说：“在幼儿园。”

“您在幼儿园都学到了什么？”

“把自己的东西分一半给小伙伴；不是自己的东西不要拿；东西要放整齐；吃饭前要洗手；做错了事情要表示歉意；午饭后要休息；要仔细观察周围的大自然。从根本上说，我学到的全部东西就是这些。”

这位科学家出人意料的回答，直接说明了儿时养成的良好习惯对人的一生具有决定性的意义，从幼儿园学到的东西，直到老年时还记忆犹新，可见留下的印象是非常深刻的。这也说明从小养成的习惯将影响孩子一生的身心健康与良性发展。

“少年若天性，习惯成自然。”**如果孩子能够在少年时期养成良好的学习习惯，那么他便会将追求知识、努力学习当成生活中一件重要的事情来对待，**而不需要父母或者他人再三催促。习惯的力量是惊人的，那么学习高手该具备哪些良好的学习习惯呢？

一、主动学习的习惯

别人不督促也能主动学习，只要学习就要求自己立刻进入状态，力求高效率地利用每一分钟时间学习。要有意识地集中自己的注意力学习，并能坚持始终。

二、及时完成规定的学习任务的习惯

要在规定的时间完成规定的学习任务。把规定的学习时间分成若干时间段，根据学习内容，为每个时间段规定具体的学习任务，并要求自己必须在一个时间段内完成一个具体的学习任务。这样做可以减少乃至避免学习时走神或注意力涣散的情况，有效地提高学习效率。还可以在完成每个具体学习任务后，产生一种成功的喜悦感，使自己愉快地投入下一个时间段的学习中去。

三、各学科全面发展，不偏科的习惯

无论在哪个学习阶段，考试出现偏科，都是提升成绩的“拦路虎”。若想不断攀登学业的高峰，实现自己的升学愿望，就需要意识到这一点，并且在平时的学习生活中，做好查漏补缺，避免出现这一情况。对不喜欢的学科或基础比较薄弱的学科，可以适当降低标准，根据自己的实际情况，确立经过努力完全可以实现的初期目标、中期目标、长期目标，然后要求自己去完成。

四、预习的习惯

课前预习可以提高课上学习效率，有助于培养自学能力。预习时应对要学的内容认真研读，理解并应用预习提示、查阅工具书或有关资料进行学习，认真思考，把不懂的问题做好标记，以便课上有重点地去听、去学、去练。

五、认真听课的习惯

上课时，老师不仅用语言传递信息，还会用动作、表情传递信息，用眼神与学生交流。因此，学生上课必须盯着老师听，跟着老师想，调动所有感官参与学习。能否调动所有感官学习，是学习效率高低的关键因素。**上课时要做到：情绪饱满，精力集中；抓住重点，弄清关键；主动参与，思考分析；大胆发言，展示思维。**

六、上课主动回答问题的习惯

学生应该成为学习的主人，在课上要认真思考每一个问题。积极回答问题可以促进思考，加深理解，增强记忆，提高心理素质，促进创新意识的勃发。回答问题要主动，起立要迅速，声音要洪亮，表述要清楚。

七、上课记笔记的习惯

在专心听讲的同时，要动笔做简单记录或记号。对重点内容、疑难问题、关键语句进行“圈、点、勾、画”，把一些关键性的词句记下来。有实验表明：上课光听不记，仅能掌握当堂内容的 30%，一字不落地听也只能掌握 50%，而上课时在书上勾画重点内容，在书上记有关要点的关键语句，课下再去整理，则能掌握所学内容的 80%。

八、课后复习的习惯

课后不要急于做作业，一定要先对每一节课所学内容进行认真的复习，归纳知识要点，找出知识之间的联系，明确新旧知识之间的联系，形成知识结构。主动向老师提问，补上没有学好的内容。对不同的学习内容要注意进行交替复习。

•每日学习打卡•	
学习任务：	
完成情况：	优□　良□　一般□　差□
小　结：	

CHAPTER

4

制订学习计划

第14天

安排好学习时间

月月上小学有半年时间了，可每天上学、吃饭、睡觉都还要爸爸妈妈催。每次出门，她都不记着带好自己的东西，总是丢三落四的。

有效地管理时间提高效率是走向成功的重要方法之一，许多社会精英和历史名人都有规划时间的习惯。优秀的学生能有重点地进行系统学习，合理制订计划，科学安排时间。但我们常常也看到有些学生糊里糊涂过日子，摸摸这个又碰碰那个，或者干脆将学习任务堆积起来，一直拖到期末考试临近，才不得不突击学习。

一个好的时间表可对学习做整体统筹，从而节约时间和精力，提高学习效率。而且，它可将日常学习细节变成习惯，使学生学习变得更为主动；它能够帮助学生将各项学习活动和时间有机地结合起来。

小贴士

• 要时时刻刻询问自己几个小问题

制订学年的学习计划了吗？有假期的学习计划表吗？编制一周的功课表了吗？每天要做什么事情，自己都很明确吗？经常检查一天的时间利用效果吗？如果你的回答都是肯定的，那么你的时间利用得很好，你是一个计划性很强的、具有创新能力的学习高手；否则，你就需要认真考虑如何合理制订计划，科学安排时间。

如何制订一个切实可行的学习计划呢？

一、目标要明确、适当

因为每位同学的基础各异，接受新知识的能力不同，所以选择目标一定要切合自己的学习实际，要正确估计自己的知识和能力、计算自己能够支配的时间，了解自己学习的欠缺和漏洞。目标既不能定得过高，也不能过低，“跳一跳就能摘到果子”便是最佳目标。

二、要合理安排常规学习时间和自由学习时间

常规学习时间主要是用来完成老师当天布置的学习任务，消化当天所学的新知识。自由学习时间是指完成老师布置的学习任务后归自己支配的时间，这一时间可用来预习、复习功课，查漏补缺和进行课外阅读、训练等。

总而言之，**学习计划不是制订给老师或家长看的，更不是用来装潢门面的，而是指导自己学习行为的准则。**

要想得到更多的学习时间，可从以下几方面去考虑。

1. 早日立下志向

皮埃尔·居里说：“使自己像一个嗡嗡地响着的陀螺一样急速地旋转，使外物不能侵入。”那些心怀志向的学生，必然会为了实现自己的志向，而自觉地抓紧时间学习。

2. 明确学习任务

要根据学习进度和自己的学习状况来安排计划，使自己清楚地意识到每天必须要完成的学习任务。

3. 用顽强的毅力，排除对学习的干扰

学习时间不抓紧或者被其他事情侵占，是缺乏毅力所造成

的。因此，要想获得更多的学习时间，就要在克服困难、实现志向的过程中磨炼自己的毅力。

4. 不断检查时间的利用率

每晚要回想当天在学习上完成了什么任务，怎么改进。不断调整学习时间，使时间利用率得到提高。

5. 善于利用零碎时间

达尔文说："我从来不认为半小时是微不足道的一段时间。"一个人如果认识到学习的重要性，看到自己水平不高，感到时间的紧迫，就会自觉地去利用零碎时间。零碎时间最好用来学习自己最喜欢的学科，以吸引自己的注意力。

6. 生活要俭朴，朋友要挑选

学生的主要任务是学习，不应当在追求吃穿玩乐上浪费宝贵的时间。要与有抱负、有志气、好学上进的同学多来往。如果只讲吃喝玩乐，那自己的学习时间必然会一天天越来越少。

• 每日学习打卡 •

学习任务：

完成情况： 优 □　良 □　一般 □　差 □

小　　结：

第 15 天

有张有弛地学习

小学生的大困惑

保亭升入小学三年级后，第一次考试不理想，弄得心里特别紧张，总担心自己学不好，总担心下一次考试成绩再下降。他每天都提心吊胆的。

有张有弛地学习，说得通俗点就是懂得劳逸结合。劳逸结合就是工作和休息相结合。指既要积极工作，又要适当休息。

劳逸结合对孩子的学习、生活来说是非常必要的。现实生活中，很多父母总是看不得孩子闲着，他们只要一有点儿空闲时间，就会被催着上兴趣班、学英语……时间总是排得满满的，让孩子像一个机器一样不停地运转着，没有自己的时间。

那么，做到劳逸结合的具体方法有哪些呢？

一、掌握好学习和休息的时间比例

学习和休息的时间要有一定的比例。休息时间太短，则达不到休息的目的；休息的时间过长，则会破坏学习的连续性。而学习时间太长，将不能保持很好的注意力，降低了学习效率；学习的时间太短，则不能立刻进入学习状态，并且不能保证学习的完整性。心理学的研究表明，通常情况下学习与休息的时间比为 4 ∶ 1 时效果最好。**儿童注意力集中的时间为 30 分钟左右，因此每次学习 40 分钟，休息 10 分钟最为合适。**

二、固定学习和休息的时间

把学习和休息的时间固定下来，目的是形成条件反射。一旦形成了条件反射，每到学习时间，孩子就会不自觉地将身体的各部分功能

调整到宜于学习的状态，休息时则会完全放松下来。固定学习和休息时间也有利于孩子安排学习内容，做好学习计划。有计划、有目的地学习，远比无计划、盲目地学习效果好。

· 每日学习打卡 ·

学习任务：

完成情况： 优☐　良☐　一般☐　差☐

小　　结：

第 16 天

告别拖延

小学生的大困惑

晓刚最近总是愁眉苦脸的，满怀心事，而且总说一些使自己泄气的话，比如：“唉，我怎么这么没用啊！”“累死了，真不想学习了，没意思！”

我们每一个同学的脑海里可能都存在着一个或多个想法。你的想法也许是写一篇文章，或是早起锻炼身体，或是成绩提高 10 分等。先来看一个案例。

晓刚在老师和家长眼里，一直是一个听话的好孩子，学习成绩也很优异。本来他是一个爱说爱笑的孩子，最近几天，班主任冯老师发现他有些异常，便把他叫到了办公室。

晓刚一副苦恼的样子，说道：“我一直很爱学习的，我有自己的理想和日标，这学期开始，我制订了详细的计划，包括各门功课应该实现什么目标。为了实现这些，我对每天在什么时候要做什么事都做了明确的规定。而且我还分科独立制订目标，一门功课一张表。但是令我苦恼的是，这个计划仅仅执行了一周，第二周便不能执行了。有时是忘记了这个时间该做的事情，干脆后面的事情也不想做了。有时我还会感觉很累，什么也不想做，就对自己说明天再做吧，到了第二天又没做……我应该怎么办呢？”

冯老师点点头，说：“别着急，老师帮你分析分析。”

晓刚的计划是制订好了，但执行不到一周就出问题了。例如，今天打了半天篮球，特别累，休息一下明天晚上学习；到了第二天晚上，有足球赛，算了，再明天晚上吧……这样不知道过了几个“明天晚上”，结果是计划一点儿都没执行。

想一想

通过上面的案例，你得到了什么启示？

____

____

我们来看一下晓刚的计划究竟有什么问题。

1. 计划太完善了

计划太完善了也不好吗？是的，如果你的计划太完善，内容、时间都规定得很具体，一环扣一环，那么一个环节出现了问题，所有的行动就全部实现不了了。**所以制订计划时，一定**

要留有余地，要有能够灵活调整的时间。

2. 制订计划时没有结合实际情况

没有考虑到自己的能力，没有考虑到环境的要求。晓刚的计划中就存在这个问题，他把目标定得太高了，而且根本不考虑每天上课的时间和安排。

其实，像晓刚同学这样的问题解决起来十分简单：采取行动。任何借口都是多余的。成功之计在于立刻采取行动。

一、时间就是生命

有人说："抛弃时间的人，时间也会抛弃他。"不要再沉溺昨天，不要再观望明天，一切从现在开始，从今天开始，珍惜今天就是奋斗的起点！

惜时如金，时间就是生命。

二、今日事今日毕

许多同学有把今天的事情拖到明天去办的习惯，并且还要千方百计地找理由来安慰自己。可是你知道吗？要想有时间，就必须抓住每一分、每一秒，不让每天虚度。向往明天、等待明天而放弃今天的人，就等于失去了明天，结果还是一事无成。

小贴士

• 伏尔泰的谜语

在伏尔泰的作品中，曾经提到过一个谜语："世界上哪样东西，它是最长的也是最短的，它是最快的也是最慢的，它最不受重视但又最受惋惜；没有它，什么事也无法完成，它使一切渺小的东西归于消灭，使一切伟大的东西生命不绝。"你想到它是什么了吗？没错，它就是时间。

在"钟表王国"瑞士温特图尔钟表博物馆内的一些古钟上，刻着这样一句富有哲理的话："如果你跟得上时间的步伐，你就不会默默无闻。"

• 每日学习打卡 •

学习任务：

完成情况： 优☐　良☐　一般☐　差☐

小　结：

第17天

坚定的时间观念

交卷的时间到了，老师宣布所有人放下手中的笔，依次走出教室，小明却捂着卷子不让收，央求老师再给几分钟……

考试对学生的解题时间有明确的要求，这实际考查的是学生的解题速度。这一项考查点也是高效学习的标准之一：较好地完成一项学习任务花的时间越少越好。那么，如何提高解题速度，高效学习呢？

一、时间观念强

朱自清对时间有一段非常经典的描述："洗手的时候，日子从水盆里过去，吃饭的时候，日子从饭碗里过去……"时间如白驹过隙稍纵即逝，时间如"黄河之水天上来，奔流到海不复

回”。珍惜时间也就意味着珍惜生命！

时间就像精灵一样，你想它过得快的时候它却仿佛如蜗牛般慢慢爬行；当你需要的时候却总觉得不够。

时间是人最大的成本，同样也是每个人的资本和财富。时间对每个人都是公平的，给每个人的一天都是24小时，从来到这个世界的那天开始，它就陪伴着我们度过每一天。

鲁迅先生曾经说过：“时间就是性命，无端的空耗别人的时间，其实是无异于谋财害命。”所以我们做任何事情都必须认认真真，不浪费自己的一分一秒，更不要浪费别人的时间。

想一想

从鲁迅的话中，你得到了哪些启示？

____

____

二、注重学习的数量

什么是学习的数量标准呢？就是在单位时间内完成的学习任务越多越好。有个学生要求自己每天做作业的速度要比别人快半小时，余下的时间做课外题。一学期下来，他比别人多做了厚厚的一大本练习册。在后来的奥赛中，这个学生取得了全市第一名的好成绩。这要归功于他每天都比别人多做一点。正如背单词，如果一天比别人多背 10 个，10 天多背 100 个，100 天多背 1000 个……这就是高效学习中“数量”的概念。

三、注重学习的质量

在清朝末年，河北有一位武术名家叫郭云深。因铲除恶霸，吃了人命官司，被关进监牢，但仍苦练功夫。由于项上有枷，脚上有铁镣的缘故，练就了只能迈出半步的绝技——半步崩拳。后来郭云深凭借这一招名扬大江南北，以“半步崩拳打遍天下”而著称。

郭云深练的招数并不多，却练到了出神入化的境界，所以才

能以一招扬名天下。很多同学题做了很多，但仅满足于解出答案，很少去深入思考，结果题目换种形式就又不会了。究其原因，是还没有达到高效学习的质量标准。

• 每日学习打卡 •

学习任务：	
完成情况：	优☐ 良☐ 一般☐ 差☐
小　结：	

第 18 天

差异与个性

小刚读小学二年级，特别不爱读书，只要一学习就犯困。可是，只要一看动画片，就来了精神，他能津津有味地看一整天。问他今天学习怎么样，他总是说我学会了，考试成绩可想而知。

如果一个人被赋予某种超过自身能力的责任，那么他就会感受到压力，进而表现出不同以往的能力水平，渐渐担起这种责任。

老师帮小刚的妈妈想到了一个好办法：“何不让孩子试着当你的老师呢？”小刚妈妈决定试一下。同往常一样，一家人吃完饭后，妈妈忙完家务，坐到孩子身边说：“儿子，妈妈英语学得不好，你来教妈妈，当妈妈的老师，行吗？”小刚摇摇头说：“妈妈，不行，我一会儿还要看动画片呢，而且我英语也懂得不多!”“没事，每天在学校老师教你什么，你回家就教妈妈什么，每天教我一小段，我保证能学会，好吗?”没想到小刚一直不厌其烦地教妈妈读，到睡觉的时候他才想起来:“妈妈，我忘记看动画片了!”妈妈高兴地说:“儿子，你不觉得教妈妈单词更有意义吗?”就这样，每天妈妈都要让小刚教半小时英语。一学期下来，小刚终于有了学习兴趣，一回家就读书做作业，而且每门功课成绩都是优秀。

为什么让孩子当小老师会有这么明显的效果呢?这是因为，**孩子知道要把课堂所学的东西再讲出来，听课时他就会集中注意力，认真听讲。**课后，有的地方忘了，责任感会迫使他主动

拿起书，主动问老师或同学，直到学会。当他能够顺利地把所学知识讲下来，自己也会获得一种成功的喜悦。这样，学习变成了一件轻松快乐而又有个性的事情，孩子的学习积极性自然就提高了，学习方法也得到了改善，学习成绩就会慢慢好起来了。需要注意的是，在孩子给爸爸妈妈当“小老师”的过程中，爸爸妈妈一定要谦虚谨慎，要有“学生”的样子，千万别嘴上说是“学生”，做派上还是“领导”，孩子的感知力是异常敏感的，如果他们发现其实你只是“假学生”，是骗他的，他的“讲课积极性”就会荡然无存了。

另外，家长也应该事先“预习”，然后在“听课”时将关键的知识点向孩子提出来，考考他学得到底怎么样，加深他对知识的理解。刚开始，也许孩子语言不完整，表达不清楚，经常说一半忘一半，但家长一定要有耐心，鼓励孩子慢慢想一想，及时地肯定孩子的成绩，帮助孩子做一个认真又快乐的“小老师”。

每一个孩子都是与众不同的，有自己独特的天赋秉性、偏好和天生优势，也有不同于别人的弱点。解决孩子的学习问题，应该用个性化的方法去适应孩子学习上的要求。孩子是学习和训练的主体。自我管理式训练是一种最佳的训练方法。没有一种学习方法是万能的，只有适合孩子的，才是最好的。

小贴士

• 孩子之间的智力差异大吗？

孩子之间存在智力差异，但这种差异不足以造成成绩差异，因为人的大脑潜能是无限的，只要多发挥一点儿就可以超过其他人。如果孩子现在的成绩不好，那就需要帮孩子找到合适的解决方法。

每个孩子都有不同的个性，家长要因材施教，根据孩子的性格决定教育方式。针对孩子的个性化教育方法有：发现孩子的兴趣爱好，兴趣爱好是学习的最大动力；善于发现孩子的特长，注重培养；给孩子选择自己学习方式的权利。

每个人的学习方式和思维方式都不一样。有些孩子喜欢讨论，有些孩子喜欢当“小老师”把所学内容复述出来，有些孩子喜欢独立思考，父母应该给孩子一定的选择权。

• 每日学习打卡 •

学习任务：

完成情况： 优 □　　良 □　　一般 □　　差 □

小　　结：

CHAPTER

5

学习策略与方法

19 DAYS

第19天

学习策略

王明亮进入一年级以后，感觉学习很吃力，完全没有了幼儿园时期的快乐。父母看到孩子这种情况，真是急坏了。

小学时期是小学生建立学习策略的起始阶段，适合小学生的学习策略有自己的特征。再好的学习方法不适合自己，那也没有用。花大量的时间来适应不适合自己的方法，还不如根据自己的情况适当调整。小学生常见的学习策略大致可分为以下几类。

一、选择、理解和保持信息的策略

在学习情境中，学生要激活与维持学习心理状态，将注意力集中于相关学习信息上，对学习资源保持高度的敏感性。学生要把学习动机、能力、认知风格、已有知识基础等内部学习条件，指向学习任务、学习时间和环境等有关的外部学习条件，自觉地调节和监控学习活动。

以下是常用的目标定向选择性策略：

1. 加着重号技术

对重要信息画线或加与众不同的标记符号，以便于信息选择的方法。这种方式使重要信息或者目标信息从无关信息中突显出来，增强学生对重要信息的敏感性。

2. 边注、眉批和脚注结合

边注是指在学习内容旁边的空白处注释相关定义、读音、多音字、形近字、同义词、反义词，以及自己有疑惑或不理解的提示。眉批是在书页上端空白处所做的批注。对于小学生而言，眉批内容可以是老师的提示或要求，也可以是该段内容的大意或者是重点词汇的解释等。脚注类似书籍的注脚，位于书页的底端，它的标示内容可以灵活处理，诸如背景介绍、词语解释、同义词比较等。

二、阅读和做笔记的策略

阅读时先制订阅读计划，循序渐进，做好读书笔记，利用工具书等。同时，要制订精读策略：对全书、段落、某篇文章的精读。逐节详读是精读的关键环节，一般分为提问、细读、思考、复述四个步骤。

学习时，做笔记是一个很好的习惯，是促进信息整合和加工的一种有效手段。

做笔记时要注意化繁为简：人的注意力是有限的，包括注意范围和专注时间。倘若学习方法太烦琐，那么更多的注意力会消耗在方法上，而不是学习知识本身。倘若笔记做得过于工整和漂亮，往往会消耗很多的时间，等笔记做完了，自己也疲惫不堪，将无法进行接下来的学习。

小贴士

• 做笔记的方法

一是在笔记本每页的左边（或右边）留出几厘米的空白；二是做笔记时保留这些空白；三是做完笔记后，在空白处用词或句子简要总结笔记。

三、问题解决策略

如果在学习过程中发现问题，要保持冷静，通过多种方式来寻找解决问题的办法。比如可以采用算法式：把问题解决的所有方法都列举出来，逐一尝试，找到一系列问题解决步骤。将信息由繁到简、由无序到有序，系统有效地进行编排。

• 每日学习打卡 •

学习任务：

完成情况： 优☐ 良☐ 一般☐ 差☐

小　　结：

20
DAYS

第20天

学习效率

小学生的大困惑

刚上一年级时，欣欣写作业是随心所欲的。她一会儿写语文，一会儿又写数学，经常一项作业没完成，又去做别的。最后，她既没完成作业，也没有痛痛快快地玩，时间就在一团乱中流逝了。

学习效率的高低，是一个学生综合学习能力的体现。在学生时代，学习效率是影响学习成绩的主要因素。当一个人进入社会之后，还要在工作中不断学习新的知识和技能，这时候，一个人的学习效率则会影响工作的效率，继而影响事业和前途。可见，养成好的学习习惯，拥有较高的学习效率，对人一生的发展都大有益处。

这就需要掌握提高学习效率的方法。

一、依照生物钟安排学习时间

有的同学看到别人早上背单词效果好，便强迫自己早起，结果到了下午上课犯困，课堂内容反而没听进去，得不偿失。每个人的生活环境、生活习惯都不尽相同，学生应该学会自我观察，了解自己的最佳学习时段，安排好自己的学习和休息时间，从而达到最好的学习效果。

二、用黄金时间来记忆

在有限的时间里，达到最好的学习效果，就是要抓住记忆效果最佳的时间段来安排记忆，提高效率。对大多数人来说，一般是早上 6~7 点的时候头脑最清醒。这个时候安排一些有关

记忆的学习，往往有事半功倍的效果。中午就适当休息，保证下午有充沛的精力。到了傍晚时，人体一般会达到另一个记忆高峰，也可以安排一些记忆方面的学习。

每个人的记忆峰值出现的时间不同，应根据自己的情况进行调整。考试阶段需要记忆的内容特别多，可以运用交叉、联想、分类等多种方法强化记忆，力求合理分配时间，达到最佳效果。

三、适当的压力有助于坚持

制订好学习计划的同学不在少数，但能坚持执行下来的往往没有几个。究其原因，主要是因为没有给自己适当的压力。

提高学习效率并非一朝一夕之事，需要长期的探索和积累。

• 每日学习打卡 •

学习任务：

完成情况： 优□　良□　一般□　差□

小　　结：

第 21 天

跟上老师的思路

自从上了六年级，华晓琳在语文课上，总是跟不上老师的节奏。到了考试时，她只能靠瞎蒙。这样持续了半年，她变得越来越焦虑。

实现学生的自主学习需要一个过程，这个过程既是学生对学习方法不断运用、体会、内化的过程，也是教师指导的过程。

古人云：亲其师，才能信其道。教师在教学过程中要经常考察学生的学习状况，及时发现问题，正确引导。但不要讲得太多，要给学生独立思考的空间，让学生充分体验学习的乐趣，培养其强烈的求知欲和自学能力。

陶行知先生就曾说过：“真教育是心心相印的活动。”有了这样的“心心相印”，学生的人格会在具有丰富的人文素养的教师的影响下，逐步成熟与完善起来。而学生人格的完善，是一切良好的学习心理的基础。

知识是人类的精神财富。读书学习是一种美好的精神享受。身为教师，在传授知识的同时，要把这种快乐和享受传递给学生。特别是一些学习成绩不佳的学生，往往把学习当成一种很无奈、很劳累、很痛苦的事情，认为学习是一种沉重的精神负担，一种必须尽的义务。这是传统“填鸭式”教学所造成的不良后果，使这些学生未曾体验到读书学习所带来的乐趣。

小贴士

• 要学会体验学习的过程

低年级的学生通常要将他们日常生活的许多活动规范化、系统化，并在其间得到经验，通过已有经验去感知新事物。正是通过已有经验，学生才能经历知识从具体到逐步抽象的过程，从而获取知识，得到新的经验。

学生在学习过程中遇到困难时，如果是通过自己的努力获得答案，那么他解决问题的积极性将会越来越高。让其意识到自己的进步，学生就会在愉悦的情绪中产生一种渴望学习的愿望，从而更加积极主动地学习。这就要求教师在教学中做到：该由学生自己去探索的知识，就放手让他们自己去探索；该由学生自己去获取的知识，就尽量让他们自己去经历；学生在探索过程中思维受阻时，教师只做适当的提示和暗示，让学生体会到所学的知识是自己“发现”的，自己“创

造”出来的，从而体会到成功和进步。在课堂上，教师要创造宽松的学习氛围，让学生借助已有的经验，通过自主探索、合作交流，发现新知识，并学会运用知识解决生活中的一些实际问题。

• 每日学习打卡 •

学习任务：

完成情况： 优 □　良 □　一般 □　差 □

小　　结：

第 22 天

加强师生交流

上小学一年级的林芮性格内向，在课堂上很安静，不主动跟老师交流。即使老师向她提问，她也羞于回答问题。

在教育迅猛发展的今天，教育观念需要转变，教育手段需要更新，课堂教学中尤其需要更新师生交流的形式。

师生之间如果缺少必要的沟通，只是在有限的时间内进行一种常规的活动，就很容易导致师生关系紧张，损伤孩子的积极性。因此，加强师生之间的交流，尤其是班主任和学生之间的交流，显得尤为重要。新型师生关系必须重视师生之间的情感交流，努力克服目前师生之间普遍存在的情感障碍，充分发挥教师在师生情感交流中的主导作用。那么教师应当如何加强师生交流呢？

一、创造良好的交流氛围

学生是教学的主体，是学习的主人，多让学生说话，多倾听学生说的话，可以知道学生的问题所在，便于教师有针对性地进行教学。**学生通过交流，可以明是非，知得失，在交流中修正自己，发展自己。**

二、设置一定的交流空间

现实的课堂有时候会出现这样一种不好的现象：课堂上只有教师与少数尖子生的对话，其他学生没有参与教学交流，完全成了课堂的摆设。关注每一位个体，使他们也参与交流并得到发展，这应该是每一位教师的职责。了解每位学生的情况，关注交流少的学生，引导他们参与交流，这样才能提高课堂交流的广度，真正体现既面向全体，又因材施教。这就对教师提出了多方面的要求。

1. 以教师的人格魅力来感染学生

人格的伟大，不仅能激起学生的尊敬，而且能触动学生心

小贴士

• 教师要使自己的人格富有感染力

教师要想使自己的人格富有感染力，最重要的是必须做一个堂堂正正的人。孔子曰：“其身正，不令而行；其身不正，虽令不从。”因此，在平时的教育教学中，注意做好学生的表率，真正做到“为人师表”。

灵，塑造健全的人格。

加里宁说过：“教师必须好好检点自己，他应该感到他的一举一动都处于最严格的监督下，世界上任何人也没有受着这种严格的监督。”因此，教师的纪律可以简单地概括为：要求学生做到的，教师必须先做到；要求学生不做的，自己带头不做。

2. 在严爱中注意理解、尊重学生

严格要求学生应以充分尊重学生为基础。著名教育家苏霍姆林斯基对此有深刻的论断：**只有教师关心人的尊严感，才能使学生通过学习而受到教育。教育的核心就其本质而言，就在于让儿童始终体验到自己的尊严感。**心理学的测量表明：一个小孩从出生之日起，便开始具有了多种潜意识，其中包括感受

到被尊重的本能。毋庸置疑，班主任对学生的严格管理是必要的，但若在批评教育时讽刺、挖苦、奚落甚至辱骂、体罚学生，这与所提倡的严格要求是不相符的。批评应当是善意的，特别是对屡犯错误的同学，应进行细致恰当的批评。

• 每日学习打卡 •

学习任务：	
完成情况：	优☐　良☐　一般☐　差☐
小　　结：	

第23天

熟悉教学方法

升上了小学三年级，小玉班上新换了一位语文老师。小玉一下子难以适应新老师严肃的课堂气氛，对语文的学习感觉到了吃力。

学习高手的学习方法经常适时调整，这是根据教师的教学方法而做出的从属反应。学习高手，都非常熟悉老师的教学方法，跟得上老师的教学结构。

老师常用的教学方法有以下几种。

一、讲授法

讲授法是教师通过简明、生动的口头语言向学生传授知识、发展学生智力的方法。

讲授法的优点是教师容易控制教学进程，能够使学生在较短时间内获得大量系统的科学知识。但如果运用不好，学生学习的主动性、积极性不易发挥，就会出现教师“满堂灌”的局面。

二、讨论法

讨论法是在教师的指导下，学生以全班或小组为单位，围绕教材的中心问题，各抒已见，通过讨论或辩论活动，获得知识或巩固知识的一种教学方法。由于全体学生都参加活动，可以培养合作精神，激发学生的学习兴趣。

三、直观演示法

直观演示法是教师在课堂上展示各种实物、直观教具或进行示范性实验，让学生通过观察获得感性认识的教学方法。这种方法是一种辅助性教学方法。

四、练习法

练习法是学生在教师的指导下巩固知识、运用知识、形成技能技巧的方法。在教学中，练习法被各科教学广泛采用。

五、读书指导法

读书指导法是教师指导学生通过阅读教科书或参考书，以获得知识、巩固知识、培养自学能力的一种方法。

六、任务驱动教学法

教师给学生布置探究性的学习任务，学生查阅资料，对知识体系进行整理，再选出代表进行讲解，最后由教师进行总结。任务驱动教学法可以小组为单位进行，也可以个人为单位组织进行。它要求教师布置任务要具体，其他学生要积极提问，以达到共同学习的目的。**任务驱动教学法可以让学生在完成“任务”的过程中，培养分析问题、解决问题的能力，培养学生独立探索及合作精神。**

• 每日学习打卡 •

学习任务：

完成情况： 优□　良□　一般□　差□

小　结：

第 24 天

背诵方法和技巧

小强的语文成绩不理想。回家后，妈妈问语文作业完成的情况，小强总是支支吾吾，半天说不出一个字来。

大量的积淀才能够厚积薄发。背诵是形成语言能力的关键，只有背诵才能真正掌握语言，达到脱口而出的境界！背诵可以巩固已学的知识，加深记忆，加深理解。凡是经过背诵的东西常能牢记不忘，即使暂时遗忘，也能很快地回忆起来。这样不断地日积月累，脑子里才会储存大量的知识。背诵还能增强语感，提高口头表达能力。

背诵也是有技巧的，找对方法才能事半功倍。我们可以参考下面常见的几种背诵方法，再结合自身的情况进行背诵，并持之以恒。

1. 提纲挈领法

古人云："举一纲而万目张。"文章的"纲"便是文章的脉络，而文章的脉络又体现着作者的写作思路。所以，背诵课文时，一定要根据作者的写作思路和行文顺序顺藤摸瓜，由句到段，由段到篇，前勾后连，上递下接，环环紧扣，连绵不断。这样，不但背得快，而且记得牢。只要我们按照作者的写作思路和行文顺序边读边想、边想边背，背诵也就不难了。

2. 求同存异法

某些诗文具有"重段复唱"的特点，各段字句大体相同，因此，我们在背熟第一段后，按照规律只要找出其余各段不同的字句并记住它们就可以了。

3. 理解记忆法

要在初步理解的基础上背诵。理解得越深，越容易记忆背诵。背诵课文要尽量运用意义记忆，即加强理解记忆。死记硬背的方法不仅效率低，而且短时间内会忘掉。背诵一篇或一段文章时，首先要通读全文，弄清文章的主旨，然后了解文章的层次，掌握文章的语言特点，抓住一些起关联作用的词语和句子，先分析，后综合，这样背诵起来就快多了。背诵也要因文而法，如背诵议论文，可以从分析论点、论据、论证入手；背诵记叙文，可以从了解和掌握有关事实、记叙顺序入手。

4. 快速诵读法

背诵是在朗读和默读的基础上熟悉书面材料的结果。在初步理解文章后，要始而反复朗读，继而反复默读。只有熟读，才能加深理解，才能成诵。实验证明，持续性的缓慢阅读，不但费时费力，而且会使记忆信号中断；反之，熟读课文之后，逐步加快阅读速度，则可在大脑皮层形成连贯的信号刺激，从而强化记忆效果，提高背诵速度。

5. 关联词提示法

关联词不但能体现复句关系和句群关系，而且能体现议论文的内在联系，有人说，关联词是议论文的语言轨迹。因此，及时把握关联词这个“语言轨迹”，对背诵议论文是有很大帮助的。把握住这些关联词，弄清它们表示的关系，边想边背，句句衔接，环环紧扣，背诵一段文字也就不难了。

6. 听录音背诵法

让视觉和听觉共同参与记忆，能更好地提高记忆效果。这种记忆方法称为“协同记忆法”。根据这一理论，在练习背诵时，可适当播放课文录音，使学生边读课文，边听录音，从而形成记忆信息的双向刺激，以强化记忆效果。

7. 趣味背诵法

在学生练习背诵达到一定程度时，为了进一步强化记忆，消除持续背诵造成的单调感、疲劳感，依据“寓教于乐”的原则，可以采用以下方法来提高学生的背诵兴趣：①“对歌”式背诵法，即模仿某些地区“对歌”的方式，由甲、乙两个学生每人一句，轮流背诵；②“接力赛”式背诵法，即模仿体育运动中接力赛跑的方式，由三个学生每人一句，上递下接，循环往复；③“叠罗汉”式背诵法，即模仿杂技演员“叠罗汉”的方式由第一人背诵第一句，第二人接背第二、三句，以下依次每人递增一句，连续不断，直到背完为止。

以上方法不但趣味性强，而且参与面广，并能增强学生的群体意识，不妨一试。

想一想

你找到适合自己的高效记忆法了吗？

____

____

8. 辞格勾连法

教科书中要求背诵的课文皆为名家名篇，而名家名篇在修辞格的运用上自有独到之处。因此，从背诵课文所用的修辞格入手，采用上勾下连的方式，往往可以收到意想不到的背诵效果。

9. 分层背诵法

理解是记忆的前提和基础。分层背诵法，就是先理解背诵部分总的意思，然后把它分为几个层次，归纳概括出每层的意思，了解层与层之间的内在联系，把思路厘清，将各层的意思连贯起来，在此基础上，再反复诵读几遍，就能较快地背诵下来。这种方法适合于背诵段落或篇幅不长的课文。

10. 图表背诵法

图表是一种直观的、简化的表达方式。采用这种方法，首先要把背诵章段的结构，用主要词语（最好是原文）设计成图表（也可借助教师的板书设计），然后对照图表诵读几遍，再依据图表尝试背诵。

小贴士

• 可以借助色彩来提高记忆

先把每篇课文的生字涂上色彩，色彩能够让你较好地记忆，最好用多种颜色。

11. “三步记忆法”

第一步是抓住文章的主题思想用脑默记；第二步是闭目回忆，实在回忆不起来时，就“偷看”一下；第三步是迅速反复，多次诵读。

12. “四次反复法”

为了使背诵的课文长期不忘，有的教师就采用此法，即早读时重背昨天课堂上背过的内容，这是第一次反复。第二次反复是每个单元结束后，把上单元已过关的课文再重复背诵一次。第三次和第四次反复，主要是结合期中、期末的复习进行。

• 每日学习打卡 •

学习任务：

完成情况： 优☐　良☐　一般☐　差☐

小　　结：

CHAPTER

6

学习习惯与心态

第 25 天

自主学习习惯

小学生的大困惑

欣欣每天晚上一放学就先打开电视机看动画片，吃晚饭时也目不转睛地盯着……等到了该睡觉的时候，他就会喊肚子饿，吃一堆零食。

有不少小学生一直没有重视自己的不良习惯，丢三落四，今天忘记这个，明天忘记那个。学习成绩很难上去，类似的题再做时也比别人慢，人也变得颓废，上课回答问题低声细语，胆子越来越小。**说到底，就是缺乏自主学习的习惯和意识。**

一、什么是自主学习

所谓自主学习，就是指在学习上主动而不是被动，自觉而不是盲目，自立而不是依赖，对自己有目标、有要求、有计划、有反思、有总结。在自我设计、自我创造、自我超越的过程中体验到学习成功的愉悦，进而产生自主学习的欲望，增强学习的自主性，为自主学习打下强有力的基石。

二、如何自主学习

1. 提供给学生“学”的方法，培养学生的创新能力

提供给学生“学”的方法，犹如交给学生打开知识大门的钥匙。学生掌握了方法，才能真正把握学习的主动权，真正找到自己在学习中的主体位置。学生的创新意识，只有在自主探索问题与解决问题的过程中才能得到培养。因此，教师应从学生的年龄特点和认知特点出发，留给学生足够的探索空间，让学生通过预习、质疑等具体活动提高创新能力。

2. 遵循规律，注重方法，促使孩子养成自主学习的习惯

当前小学生普遍存在的问题：**一是上课精力不集中，爱做小动作，脑子爱开小差；二是对所学的知识不能做到课前预习；三是不能在复习的基础上做作业，有时不能按时独立完成作业，甚至作业质量不高；四是不能及时地进行复习巩固**。在家庭教育中，家长必须要遵循儿童的年龄特征和教育规律，注重学习方法的指导，把培养孩子自主性学习习惯作为自己的重要职责。

3. 提供良好的学习氛围，激发自主学习的兴趣

教师在课堂上营造轻松、愉快的学习气氛，能使学生情绪高昂，思维活跃，学习兴趣和信心倍增，接受能力增强。生动

的表演能营造愉悦的学习气氛，激发浓厚的学习兴趣。

4. 养成管理好自己学习的习惯

养成有计划的习惯，管理好自己的学习。学习计划可以确保学生不浪费时间，了解自己的学习进度，让自己清楚知道哪些事情需要做，也可以帮自己对先前的学习做个评价，还可以增强学生的学习效能感，每天都有成就感，更加自信。

养成预习的习惯，成为主动学习者。学会预习是会学习的开始。通过预习，可以发现自己的知识缺陷，扫清听课障碍，提高听课效率，培养自学能力。

养成认真听课的习惯。课堂是学习的主战场，认真听讲是学习好的首要条件。上课认真听讲的表现是：精神集中，眼看课本和板书，耳听教师讲解，按要求读、说和讨论，手记笔记或在课本上勾画重点，主动思考，勇于提出问题。

同时，还要养成复习的习惯。

• 每日学习打卡 •

学习任务：

完成情况： 优☐　良☐　一般☐　差☐

小　结：

第 26 天

坚强的意志力

小刚跟爸爸玩“大富翁”理财游戏时，一遇到问题就说不玩了，好几次想要放弃。在爸爸的不断鼓励下，他跟着爸爸的思路越玩越顺利，体验到了理财游戏的乐趣。

意志是人自觉地确定目的并根据目的来支配、调节自己的行为，也是克服各种困难以实现规定目的的心理过程。

一、学习意志力的内涵

学习意志力指个体为完成学习任务而持续地克服困难的能力，通常以学习者每次学习活动所持续的时间长短为标志。意志力是引导和促进孩子学习、成长的一种内驱力，它对孩子智力与能力的发展起着动力和定向的作用。有的学生缺乏毅力，自我控制能力较差。在学习中遇到困难时，他们往往不肯动脑思考就退缩，或转向教师、同学寻求答案。缺乏意志力的孩子，做事情没有持久性、稳定性，遇到小问题便退缩，对自己行为缺乏应有的控制能力，容易被外界一些事情所诱惑，缺乏责任感等。

二、意志品质的表现及在学习中的作用

1. 学习过程中需要自觉性

学习活动是一个有目的、有计划的过程。学习过程中也需要学习者自觉按照预定的计划目标有条不紊地进行。

2. 学习过程中需要坚定性

在实现学习目标时可能会遇到各种各样的困难和阻力。这就需要学习者依靠持之以恒、坚韧不拔的毅力和精神去克服。

3. 学习过程中需要果断性

学习过程中可能遇到突发的、预料不到的事情，需要果断做出判断、采取措施，以保证学习的顺利进行。

4. 学习过程中需要自制性

在学习过程中，在同外界环境的接触中，都可能会产生厌倦、懒惰、恐惧等心理因素，需要有较强的自制能力。

三、如何培养良好的学习品质

树立科学的世界观、人生观、学习价值观和远大的人生志向。根据社会需要和自身的具体情况制订切实可行的短期目标、长期目标，有计划地按目标去努力实现自己的愿望，并对可能遇到的困难要充分估计，要制订克服困难的具体措施和办法。注意不断地调整目标。在学习过程中，经常给自己设置一些难题，不断克服困难，在困难中磨炼自己，提高自己的意志力。

• 意志的作用有哪些?

1. 意志使认识活动更加广泛、深入。
2. 意志调节着人的情绪、情感。
3. 意志对人的自我修养具有重要意义。

四、怎样提高意志力

1. 积极主动

不要把意志力与自我否定相混淆，当它应用于积极向上的目标时，将会变成一种巨大的力量。

主动的意志力能让你克服惰性，把注意力集中于未来。在遇到阻力时，想象自己在克服它之后的快乐。

2. 下定决心

心理学教授詹姆斯·普罗斯把实现某种转变分为 4 步：

抵制——不愿意转变；

考虑——权衡转变的得失；

行动——培养意志力来实现转变；

坚持——用意志力来保持转变。

有的人属于“慢性决策者”，他们知道不应该，但决策时却优柔寡断，结果无法付诸行动。

3. 目标明确

普罗斯教授曾经研究过一组打算从元旦起改变自己行为的实验对象，结果发现最成功的是那些目标最具体、明确的人。

4. 权衡利弊

如果你因为看不到实际好处而对体育锻炼三心二意的话，光有愿望是无法使你心甘情愿地穿上跑鞋的。

5. 改变自我

只知道收获是不够的，最根本的动力产生于改变自己形象和把握自己生活的愿望。道理有时可以使人信服，但只有在感情因素被激发起来时，自己才能真正响应。

6. 注重精神

大量的事实证明，坚信自己有顽强意志去行动，有助于使自己成为一个具有顽强意志力的人。

7. 磨炼意志

早在 1915 年，心理学家博伊德·巴雷特曾经提出一套锻炼意志的方法。其中包括从椅子上起身和坐下 30 次，把一盒火柴

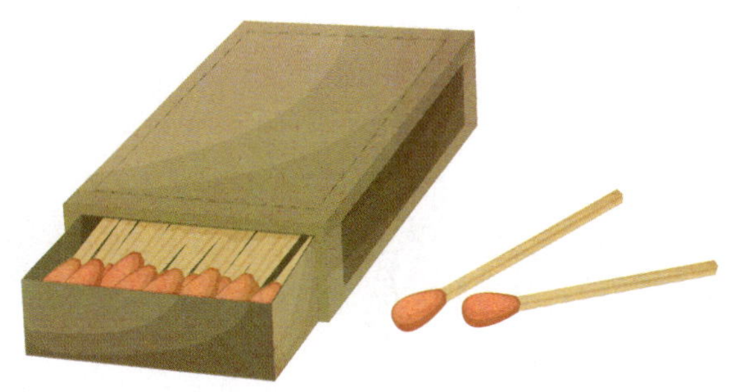

全部倒出，然后一根一根地装回盒子里。他认为，这些练习可以增强意志力，以便日后去面对更严重、更困难的挑战。

8. 实事求是

如果规定自己在 3 天内数学成绩提高 50 分，或者一天必须从事 5 个小时的体育锻炼，那么对这类无法实现的目标，再坚强的意志也无济于事。而且，失败的后果终将使自己再试一次的愿望化为乌有。**在许多情况下，将单一的大目标分解成许多小目标不失为一种好办法。**

9. 逐步培养

坚强的意志不是一夜间突然产生的，它在逐渐积累的过程中一步步地形成。中间还会不可避免地遇到挫折和失败，必须找出使自己斗志涣散的原因，才能有针对性地解决。

实践证明，每一次成功都会使意志力进一步增强。如果你

用顽强的意志克服了一种不良习惯，那么就能获取与另一次挑战决斗并且获胜的信心。

每一次成功都能使自信心增加一分，给你在攀登高峰的艰苦征途上提供一个坚实的“立足点”。或许面对艰难的困境，回想到以前能成功，就有信心，觉得这一次也一定会胜利。

·每日学习打卡·

学习任务：

完成情况： 优□ 良□ 一般□ 差□

小　　结：

第 27 天

学习要专心

小光是一个顽皮的孩子，做事情总是毛毛躁躁的，没个安稳的时候。让他认真听别人说话好像是件很困难的事情，所以上课时他也不认真听讲，经常手里拿着橡皮玩。

注意力是一种意向活动。它不像认知那样能够反映客观事物的特点和规律，但它和各种认知活动又是分不开的，它在各种认知活动中起着主导的作用。人的心理活动总是和注意力联系在一起的。

一、注意力的内涵

注意力是指人的心理活动指向和集中于某种事物的能力。教育家乌申斯基曾指出：“**‘注意’是我们心灵的唯一门户，意**

识中的一切，必然都要经过它才能进来。”具有注意的能力称为注意力。

由于注意力，人们才能集中精力去清晰地感知事物，深入地思考问题，而不被其他事物干扰；缺少注意力，人的观察、记忆、想象和思维等将得不到一定的支持而有可能失去控制。

二、注意力不集中的表现

注意力不集中，即所谓的不专心，是一个在学生中十分普遍的现象，也是困扰家长的重要问题之一。其表现形式多种多样：

①好动，坐不住。

②没精打采，心不在焉，或者想入非非，爱走神。

③粗心，马虎，差错多。

④拖沓，磨蹭。

⑤一心多用，有始无终，学习、做事效率低。

三、如何集中注意力

1. 养成好习惯

养成在固定时间、固定地点专心学习的好习惯。

如果可能，在进入学习状态前做一些小仪式，比如摆个姿势，戴上学习帽。就像在运动前做准备活动一样，给身体一个提示。

2. 让头脑做好准备

避免在学习前做一些让自己兴奋的事情。在学习前，花几分钟平定思绪，相信自己可以克服一切困难。

3. 循序渐进

花一点儿时间计划一下准备做什么。把学习内容划分成可控制的几小块，每次专心做好一块。

小贴士

• 读书“三到”

读书有“三到”，就是心到、眼到、口到。心思不在书本上，那么眼睛就不会看仔细，既然心思不集中，就只能随随便便地诵读，绝对记不住，即使记住了也不能长久。“三到”之中，心到是最重要的。

4. 保持活跃

采用多种形式，保持大脑活跃。学习的时候可以记笔记、画重点、自问自答、组织讨论、融会贯通、形象化概念等。隔一段时间就换个主题，保持新鲜感。

• 每日学习打卡 •

学习任务：

完成情况： 优 □　良 □　一般 □　差 □

小　结：

第 28 天

学习的态度

放学了，小明一进家门就把书包往沙发上一扔，从冰箱里拿出一块蛋糕，一边吃一边喊道："妈妈，上学太辛苦了，我明天不想去了……"

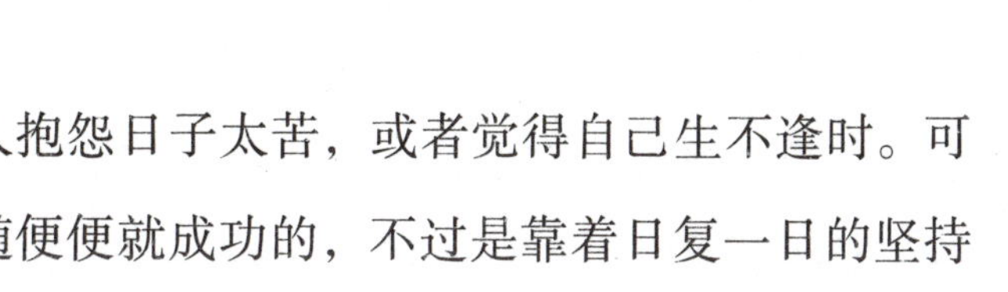

学习中总有人抱怨日子太苦，或者觉得自己生不逢时。可是，没有谁是随随便便就成功的，不过是靠着日复一日的坚持和努力而已。

有句话说得好："**一个人学习的态度，决定着他的人生高度。**"而人生的成就感，则正来源于每一次面对学习的态度。永远不要低估所有的学霸们，因为你根本不会知道，他们做事到底有多拼。

一、学习态度的内涵

学习态度是指对学习的态度，是指学习者对学习较为持久的肯定或否定的行为倾向或内部反应的准备状态。

所谓学习态度，一般是指学生对学习及其学习情境所表现出来的一种比较稳定的心理倾向。它通常可以从学生对待学习的注意状况、情绪状况和意志状态等方面加以判定和说明。学生的学习态度，具体又可包括对待课程学习的态度，对待学习材料的态度，对待教师、学校的态度等。

二、学习态度的表现

学习态度有端正和不端正之分，比如学习认真、扎实，勤奋好学，刻苦努力，上课精力集中、认真听讲，努力做到融会贯通、举一反三，课后按时完成作业、力求正确无误，在各门课程的学习上一丝不苟、求真务实，力求全面发展等，就是学习态度端正的表现。相反，不求进取，及格就行，学习仅仅是为了应付考试及家长和教师的检查，作业不认真，在学习上怕苦怕累，贪玩，不愿学习，借故请假、旷课甚至逃学等，都是学习态度不端正的表现。学习态度端正与否，是关乎学习效果好坏的一个重要因素。

三、学习态度对学生学习的影响

我国心理学工作者近些年来曾对小学生的学习问题进行了

实验研究。研究结果表明，学生的学习态度不仅直接影响学习行为，而且还直接影响着学习成绩。那些喜欢学习，认为学习很有意义的小学生，上课注意听讲，按时完成作业，学习成绩优良。相反，那些对学习不感兴趣，认为学习无用的学生，课堂行为问题多，学习成绩也差。

四、如何树立正确的学习态度

目前，部分学生受到了社会中不良环境的影响，以致错误地认为："学习好与坏都一个样""在校读书不如早点出去挣钱""没有文化知识照样也能挣大钱"等。这些错误认识，导致

他们学习态度消极，个别学生甚至发展到“厌学”“弃学”。要转变这些学生的消极学习态度，教师就要通过说服的方法，改变他们对学习的错误认识。

• 每日学习打卡 •	
学习任务：	
完成情况：	优 □ 良 □ 一般 □ 差 □
小　结：	

第 29 天

克服学习焦虑

小学生的大困惑

阿文是一名小学五年级的学生，妈妈发现阿文最近似乎不再像以前那么快乐了。以前的阿文放学回来总是和妈妈有说不完的话，给妈妈讲她们学校发生的各种好玩的事情。这几天她连去学校都没精打采的……

学习焦虑常表现为心神不宁、自卑自责、头疼头晕、惶恐急躁等。过度的焦虑使得注意力难以集中，干扰记忆的过程，影响思维的活动，而且对身心健康产生很大的危害。学习焦虑是学习优异的“拦路虎”。学习焦虑是指在学习过程中由于担心学习失败有损自尊，或担心目标不能实现而产生的一种情绪反应。

在环境的影响下，有些学生形成了不适当的学习目标和抱负，千方百计地希望通过学习保护自己的自尊心不受损害，而自信心又不足，心理压力很大，就会有严重的学习焦虑。**有些学生由于对以前的考试失败和挫折体验太深刻，也会产生严重的学习焦虑。**

学习焦虑具体有以下几种表现。

1. 要求过于严格

学生学习勤奋努力，要求自己颇为严格，把满足师长的愿望当成自己学习的奋斗目标。他们在学习上唯恐出丝毫差错，稍有不顺，便自责不已，甚至有负罪感。他们不论学习能力强弱，都会因一时的失误导致对自己能力的怀疑而忧心忡忡。

2. 自卑感较重

由于学习基础较差，或学习能力较弱，学习成绩往往不理

想。他们有较重的自卑感，却总是想获得成绩好的同学那种“风光”“地位”，于是埋头学习，暗地里与人攀比，同时又十分计较别人对自己的态度和自己在同学中说话的分量。他们平时不太言语，羞于与人交往，不愿与人谈论学习，以保“面子”，从而逐渐脱离群体，变得孤独。

3. 过度关心成败

学生的能力较强，学习刻苦、自觉，但对自己能力的估计往往超过自己的实际水平，给自己定的目标过高，总认为自己高人一等，看不起周围同学，一心想出类拔萃，终日辛劳，却有“付出”多于“收获”的失落感，又不甘于现状。过度关心自己的名次，嫉妒成绩比自己好的同学，一点儿小小的挫折就能造成他们情绪上的波动，甚至怀疑自己的意志力，责备自己不够坚强，未能完成计划。

正确认识和评价自己的能力，确立切合自身实际的抱负和期望，增强自信和毅力，不怕困难和失败，保持适度的自尊心，降低对胜败的敏感度，保持情绪的稳定，掌握最适合自己的切实有效的学习方法，运用放松法、系统脱敏法等心理治疗方法，都有助于避免或克服严重的学习焦虑。具体做法可以参照以下内容。

1. 思想调节

首先，要增强自信心，提高自我评价的能力。既要看到自己的短处，更要看到自己的长处，自我鼓励，奋发向上。其次，

小贴士

• 考试焦虑的自我调节

考试焦虑是一种普遍的心理问题，绝大多数学生，包括成绩非常好的学生都在不同程度上有过考试焦虑，除少数人陷于极度焦虑中无法自拔，需要求助心理咨询及治疗外，大多数人通过自我调节是可以解决此类问题的。自我调节是一种极为有效而且也是最根本的方法。

培养自己的耐挫力。随着社会的发展，竞争必将越来越激烈。人的一生中包括现在的学习都可能受到大大小小的挫折和打击，应对这些的能力就是耐挫能力。**在挫折与打击面前，应保持冷静沉着的态度，不害怕，不消沉，找出原因，自我调整，争取进步与成功。**最后，要有乐观豁达的心胸。受到刺激要镇定自若，处惊不乱，超然洒脱，乐观大度。

2. 自我调节

①自我松弛。不应有任何精神压力和心理负担，也就是从紧张情绪中解脱出来。

②增加自信。自信是治愈神经性焦虑的必要前提。一些对自己没有自信心的人，对自己完成和应对事物的能力是怀疑的，夸大自己失败的可能性，从而忧虑、紧张和恐惧。应该相信自己，每增加一点自信，焦虑程度就会降低一点，恢复自信，也就是最终驱逐焦虑。学会正确处理各种紧急事件的方法，增强

心理防御能力。**培养广泛的兴趣和爱好，使性格豁达开朗。**

③自我刺激。在胡思乱想时，找一本有趣的能吸引人的书读，或从事紧张的体力劳动，忘却痛苦的事情。这样就可以防止胡思乱想再产生其他病症，同时也可增强适应能力。

④自我反省。进行自我反省，把潜意识中引起痛苦的事情诉说出来，使情绪得到发泄。

• 每日学习打卡 •

学习任务：

完成情况： 优□ 良□ 一般□ 差□

小　　结：

第30天

克服考试焦虑

小学生的大困惑

明天就要期末考试了，小琳躺在床上怎么也睡不着。第二天，小琳的眼圈都黑了，她坐在考场上，浑身乏力，打不起精神来，好多平时会做的题也都紧张得不知道怎么做了……

考试焦虑症，也叫考前焦虑症，是指学生在临考时一味地紧张、担忧，乃至烦躁不安、心绪不宁。它不但影响了正常的学习复习，甚至让人寝食难安，连日常的生活规律都被打乱了。考试前的紧张、担心是正常的，因为每个人都希望自己能够考好。但正是由于这个原因，在心理上承受着巨大的压力，不自觉地便越来越心事重重，害怕自己考得不好。可越是担心，学习的效果就越差。这就是“考前焦虑症”的表现及后果。

小贴士

• 产生考前焦虑的原因

1. 来自父母、老师的压力

也许你每天都会听到父母或老师重复了不止一遍的“要考好”“别辜负了爸妈”之类的话。于是，你希望自己能考得让父母、老师满意。

2. 来自自己的压力

你一直告诉自己：“我一定要比别人更好。”因此，你从来不让自己有一丝放松，越是临近考试，你给自己的要求便越苛刻。

3. 失败的体验

以前的考试，你曾有过刻骨铭心的惨败，让你得到沉痛的教训，这回你再也不敢掉以轻心，所以一到考试前便感到非常紧张。

4. 来自同学的压力

临近考试，每个同学都在加紧复习功课，你又怎敢有一丝一毫的放松呢?

一、怎样克服考前焦虑

相信对于自己怯场的情况，你也做出过努力，希望能有所改变。你觉得怯场会毁了你，让你所有的努力付之东流……其实，只要你针对现实情况，掌握适合自己的方法，有信心为克服怯场付出努力，情况一定会有所改观的。

1. 量体裁衣，对症下药

每个人都会由于不同的原因出现怯场，只有找准原因，才能对症下药，起到良好的治疗效果。原因不外乎上文所指出的那几点，找出原因后，你就应设法在心理上排除这种因素的干扰，克服怯场。

2. 直面怯场，以毒攻毒

如果怯场比较严重，不下苦功夫，恐怕很难将其改掉。学生可以在平时进行训练，以想象法克服怯场的弱点。这种训练是指在平时假设紧张的考试气氛，并尽量把它想象得比平时的考试更紧张、更可怕。经过多次的训练后，就不会再害怕考试了。

3. 胡思乱想，考前大忌

怯场总的来说是由太担心考试结果所引发的，所以在每次考试前，应尽量避免想得太多，并做一些自己喜欢的事，使心灵得到放松，从而以平静的心态走进考场。怎样保持平常心呢？最简单的办法是做你日常做的事，不要总想考试的事情，按平时的生活规律来安排一切……一旦再次紧张起来，就对自己说："不过是考试而已，没什么大不了的。"

二、学会放松

进入考场，有人会如临大敌般地坐立不安。这对考试来讲是不利的。有的同学的紧张情绪甚至一直持续到考试结束，那这场考试恐怕很难获得成功。

那么，在考场上如何快速消除紧张？

可以尝试在椅子上坐定后，先向四周看一看，熟悉一下考场环境。身体坐正，双臂下垂，然后慢慢地做深呼吸。

三、运用一定的考试技巧

有的同学平时学习非常刻苦、认真，但考试成绩往往不能和努力成正比。这其中有一个很关键的原因，那就是缺乏必要的考试技巧。

不同学科的考试对考试技能的要求不同，但又有一些共同点。首先，要求的是细心；其次，在解答问答题时要注意将每一个关键的解题步骤清晰地呈现在试卷上，否则会让阅卷人觉得答案来得无凭无据。

每一类考试、每一种典型试题都有其特殊的解答技能，学习者要想向考试者转变，必须寻找到适合自己的考试技能，并强化练习。

四、合理安排时间

考试都是有时间限制的，如果在作答开始时没有抓紧时间，可能会出现时间不够用的情况，从而引发紧张感；或者一开始就做得飞快，虽然最后的时间绰绰有余，但前面的失误率可能会因此上升。所以，科学地安排作答进度是很有必要的。

一般情况下，拿到试卷后别急于作答，先浏览一下试题，对试卷的整体内容有了一定的了解后，再按顺序做下去。

做题的时候从易到难是最明智的选择。有的同学喜欢先难后易，认为难题都解决了其他的就不在话下了，殊不知他也许把“对手”看得太低了，以致在难题上花费了太多的时间，当回过头来要做其他简单的题时，时间往往所剩无几了。这真是得不偿失啊！

考试时要学会快速思考，在正确的基础上力求迅速，为继续做题和检查赢得充分的时间。

万一时间紧张还是如你所担心的那样时，又该如何是好呢？不要慌张，此时你就以最快的速度把认为答案里应该有的事件、构想和概念写下来。如果还有时间，可以把它整理得更系统些，如果答案涵盖了应该有的资料，至少会得到一部分分数。

• 每日学习打卡 •

学习任务：

完成情况： 优□　良□　一般□　差□

小　结：

附录 1:

学习高手 30 天打卡记录

内容 日期	按时 起床	进行 晨跑	营养 早餐	打扫 卫生	课堂 学习	按时 休息
1						
2						
3						
4						
5						
6						
7						
8						
9						
10						
11						
12						
13						
14						
15						
16						
17						
18						
19						
20						
21						
22						
23						
24						
25						
26						
27						
28						
29						
30						

附录 2：

学习高手 30 天任务清单

日期	任务
1	预习学会 20%，上课学会 50%，回顾学会 100%。
2	写下问题，越清楚，得到的答案也就越透彻。
3	跟同伴一起学，讨论能减少偏差。
4	给大脑半小时来处理信息，再回顾才会有更多新收获。
5	长时间学习后立即睡觉，大脑才能在睡眠中处理和巩固知识。
6	倾听微弱的声音能提高注意力，每天练习 3 分钟。
7	新词用了 7 次才真正算自己的。
8	每天做件不愿做的事。
9	自己跟自己对话。
10	要学一本书，20%是书的观点，能延伸 80%的知识是真正的学习。
11	灵感往往不是新的，它只是几个旧点子的合成品。
12	养成记关键词的习惯。
13	多总结。
14	从整体上记忆和理解。
15	大脑有忘记痛苦的特征，学习时要保持良好心态。
16	多说话，并提高话语的质量。
17	掌握速读的技巧。
18	阅读就像骑自行车，骑到一定速度才能骑得好，骑得顺畅。
19	长时间集中注意力会让大脑更灵活。
20	众多技巧之一：去做，绝不要期待任何结果。
21	一时一事，花 5 分钟也好、1 小时也好，一口气做完。
22	优柔寡断是严重地浪费时间，做决定不要超过 60 秒。
23	每天学习更深一点，而不是更广一点。
24	错误往往会接二连三地犯，要保持平稳心态。
25	持续分析，反馈，突破。
26	读书分类，读法也分类，如细读、浏览等。
27	对生活观察入微。
28	起床后做做数学题或益智游戏，使大脑迅速清醒。
29	慢慢做，但要做得精确。
30	上课时端正坐姿，打开书本，暗示潜意识保持开放状态。